よくわかる！

日本語能力試験 合格テキスト N1

語彙

留学生就職サポート協会 監修
髙橋麻路 著

はじめに

　私たち留学生就職サポート協会は 2019 年 8 月に発足した一般社団法人です。日本に留学した外国人留学生が日本の教育機関を卒業後、日本の企業に就職するためのサポートを目的としています。

　そこで、私たちは留学生たちが日本語能力試験 N1 に合格できる日本語の力が身につく学習塾の開講を考え始めました。こうして 2020 年 4 月から「N1 塾」の授業が始まりました。

　教授陣は日本や国外の大学のほか、国内の日本語学校で長く日本語を教えている経験豊かな、優れた日本語教育者ばかりです。

　本シリーズは 1 年間をかけて教授陣が何度も検討会を積み重ね、ようやく自分たちの教授経験を盛り込んだテキストを作成し、『よくわかる！日本語能力試験 N1 合格テキスト』5 冊として刊行することになりました。

　どの領域も学習者が興味を持ち続け、学習意欲を落とさずに日本語能力が高められるように工夫されています。留学生の皆さんがこの教科書を手にし、最後まで手放さず日本語能力試験 N1 に合格できることを私たちは心から祈っています。

　どうぞ、この『よくわかる！日本語能力試験 N1 合格テキスト』を信頼して学習を進めていってください。N1 試験に合格すると日本企業への就職が大変有利になります。

2021 年 6 月

留学生就職サポート協会理事長　南雲　智

◎この本をお使いの方へ

　この本では、日本語能力試験Ｎ１合格を目指す方のみならず、よりこなれた日本語を使って会話をしたり、文章を書いたりしたいとお考えの方にも役に立つ語彙を取り上げています。

◎本書の構成

第１部　語彙学習編
第２部　実践問題編

の２つの部分から成り立っています。

　第１部では、試験によく出る語句はもちろん、日本人がよく使う表現を、品詞別に整理してあります。また、各章の終わりには、擬音語・擬態語のページを設けています。気分転換に楽しみながら覚えましょう。

　第２部では、第１部で覚えた語句を、実際の日本語能力試験と同じ形式で出題しています。

◎本書で使用しているアイコン

　意味：語彙の意味を説明した文です。

　参考：いっしょに覚えておきたい関連表現や、対義語（⇔）などです。

　・：語彙を使った例文です。

◎本書の使い方

　第１部は、品詞別に構成されていますので、どの章から始めてもかまいません。例文では、その語句がよく使われる場面を取り上げています。試験合格のための丸暗記で終わらせず、「使用語彙」として実際の会話や文章で使えるように、例文を読んで使い方も理解しておきましょう。各章には、確認問題がついています。覚えた語彙がどのように使われるのか、問題に取り組みながら確認しましょう。

　第２部は、実践形式ですので、試験前にぜひチャレンジしてみてください。

◎日本語能力試験〈Ｎ１〉について

試験日：年２回（７月と１２月の日曜日）＊海外では年１回のところもあり。

2010年より新しい試験方式になりました。解答は前試験同様、マークシート方式です。

Ｎ１レベル目標：「幅広い場面で使われる日本語を理解することができる」（JLPT HPより）

試験の構成内容			大問	小問数	点数
言語知識 （文字・語彙・ 文法） ・ 読解 （110分）	文字・ 語彙	問題１	漢字の読み	6	0～60点 （基準点19点）
		問題２	文脈規定	7	
		問題３	言い換え類語	6	
		問題４	用法	6	
	文法	問題５	文の文法１（文法形式の判断）	10	
		問題６	文の文法２（文の組み立て）	5	
		問題７	文章の文法	5	
	読解	問題８	内容理解（短文）	4	0～60点 （基準点19点）
		問題９	内容理解（中文）	9	
		問題10	内容理解（長文）	4	
		問題11	統合理解	3	
		問題12	主張理解	4	
		問題13	情報検索	2	
聴解 （60分）		問題１	課題理解	6	0～60点 （基準点19点）
		問題２	ポイント理解	7	
		問題３	概要理解	6	
		問題４	即時応答	14	
		問題５	統合理解	4	
合格点100点/180満点（一つでも基準点に達していなければ、不合格）					

＊小問数は予想です。試験日、実施地、出願方法など、最新情報は日本語能力試験の公式ホームページ　https://www.jlpt.jp　をご覧ください。

よくわかる！日本語能力試験Ｎ１合格テキスト語彙◎目次

【第1部】 語彙学習編

第1章　動詞と名詞を覚えよう！

【第1部】
語彙学習編

1 意味や形が似ている動詞｜一般動詞｜

1

案じる(＝心配する)
・一人暮らしの母親の身を案じている。
参考 「案ずる」は古い言い方

気にする
・彼は何を言われても気にしない性格だ。
・芸能人カップルはいつも人目を気にしながらデート
　しなければならないので、気の毒だ。

気にかける(＝思いやる)
・田中課長はいつも部下のことを気にかけている。
・店長はいつもアルバイトの学生のことを気にかけてく
　れる、とてもやさしい人だ。

2

犯す
・罪を犯す。　　　・とり返しのつかない過ちを犯した。

冒す
・彼は命の危険を冒して、彼女を助けようとした。

侵す
・領空を侵す。（＝領空侵犯）
・他人のプライバシーを侵す。（＝プライバシーの侵害）

3

回想(する)
・ドラマにはよく回想シーンが出てくる。

省みる(＝反省する)
・日記を書きながらその日一日を省みる。

顧みる(＝考える)
・仕事が忙しくて、家庭を顧みる余裕がない。

4

かさむ
・費用／コストがかさむ。

かさばる
・荷物がかさばる。

腫れる
・ねんざしたところが、腫れて赤くなった。

5

こじれる
・別れ話がこじれる。　　・職場の人間関係がこじれる。
参考 風邪をこじらせる　・風邪をこじらせて肺炎で入院した。

もつれる
・交渉がもつれる。　　・糸がもつれる。

絡まる
・髪の毛が洋服のボタンに絡まってしまった。

6

なじむ
・この化粧水は肌にすぐなじんで気持ちがいい。
・息子は転校先の学校にもすぐになじんで、友達をうちに連れてきた。

にじむ
・転んですりむいたひざに、血がにじんでいた。
参考 血のにじむような努力
・涙がぽとりと落ちて、ノートに書いた字がにじんだ。

染みる
・炭火で焼いた肉は、味は最高だが、煙が目に染みる。
・Tシャツに汗が染みる。

7

ねじれる
・ネクタイ／コードがねじれている。

ひねる
・転んで足首をひねった。

ちぢれる
・雨に濡れて、髪の毛がちぢれている。

ちぎれる
・寒くて耳がちぎれそうだ。

8

ほぐれる
・深呼吸をしたら緊張がほぐれた。
・ラジオ体操をしたら体がほぐれた。

ほどける
・ほどけた靴のひもを結び直す。

ほころびる
・毎日着ていたら、シャツの袖口がほころびてしまった。

9

ぼやける
・輪郭がぼやけて見える。
・議論の争点がぼやけている。

ぼやく
・母親はいつも自分の不幸をぼやいている。
参考 愚痴る

ぼける
・最近年のせいか、ぼけてきたような気がする。
参考 時差ボケ、ボケとツッコミ

1 意味や形が似ている動詞 | 一般動詞 |

10

もてなす	・心をこめて客をもてなす。 （参考）おもてなし
もてる	・異性にもてる人がうらやましい。
	・あの子はどこへ行ってももてる。
もたらす	・その出来事が彼の人生に大きな変化をもたらした。

催す
① 新型コロナの感染拡大で、来月催されるはずだった行事が
　　中止になった。
② あまりにもひどい悪臭に、吐き気を催した。

確認問題 1

正しいほうを選びましょう。

（1）いかなる場合でも、他人の権利を（　犯して　・　侵して　）はならない。

（2）彼に対する私の態度を（　省みて　・　顧みて　）謝りたくなった。

（3）お客様を（　もてなす　・　もてる　）気持ちを第一に、仕事に励んでいる。

（4）一度（　ねじれた　・　こじれた　）人間関係は、なかなか元に戻らない。

（5）アルバイト先の店長はいつも私のことを（　気にして　・　気にかけて　）
　　くれて、時々食事にも連れて行ってくれる。

（6）リボンが（　ほどけて　・　ほころんで　）るよ。結んであげよう。

（7）とても強く引っぱられて、腕が（　ちぢれる　・　ちぎれる　）かと思った。

（8）目が悪いので、遠くのものは輪郭が（　ぼやけて　・　ぼやいて　）見える。

（9）長年（　にじんだ　・　なじんだ　）土地を離れるのはさびしいものです。

（10）（　かさばる　・　かさむ　）ものは、宅配便で送った方が楽だよ。

2 意味や形が似ている動詞 ▍ する動詞 ▍

1

維持(する) ・体力／政権を維持する。　　　　・車の維持費が高くつく。

継続(する) ・ボランティア活動を継続する。　　・継続は力なり〈諺〉

持続(する) ・薬の効果が持続する。　　・近隣国との良好な関係が持続している。

存続(する) ・厳しい状況ですが、協会が存続できるよう頑張っています。

・これは組織存続の危機だ。

長続きする ・息子は何をやらせても長続きしない。

2

改定(する) ・地下鉄の運賃が改定される。　　・条例の一部が改定された。

改修(する) ・私が住んでいるマンションは、雨漏りがしていて改修中です。

改装(する) ・店内改装のため、今月末まで休ませていただきます。

改造(する) ・息子の趣味は車を改造することだ。

3

回復(する) ・天候／体力が回復する。　　・傷ついた名誉を回復する。

復帰(する) ・職場に復帰する。　　・一度引退した俳優 A が芸能界に復帰した。

復元(する) ・失われたデータを復元する。　　・古代遺跡を復元する。

復旧(する) ・電気／ガスが復旧する。　　・ダイヤの復旧まで半日かかった。

4

侵入(する) ・敵が城内に侵入してきた。　　・不法侵入の罪に問われる。

進入(する) ・この先の道路は進入禁止です。

突入(する) ① ロケットが大気圏内に突入する。　　② ストに突入する。

5

推測(する) ・このデータから、犯人の年齢や好みを推測することができる。

推定(する) ・死体の状況から死亡時刻を推定する。

推理(する) ・この小説の犯人は誰か、みんなで推理してみよう。

推進(する) ・近年、あらゆる分野でデジタル化が推進されている。

2 意味や形が似ている動詞 ▌する動詞▌

6
設置(する) ・ようやく全教室にクーラーが設置された。

配置(する) ・新店舗にベテラン社員を配置した。

・テーブルといすは、図の通りに配置してください。

装備(する) ・冬山へ登るのに必要なものを装備した。

7
着手(する) ・いよいよ大型プロジェクトに着手することになった。

着工(する) ・駅前ビルの着工は来年4月の予定です。

着目(する) ・共通点に着目してください。　・この案は着目に値する。

着色(する) ・この食品は、合成着色料を一切使用していません。

8
同調(する) ・首相に同調する議員が多数を占めた。　　**参考** 同調圧力

賛同(する) ・この考えに賛同していただける方は、寄付をお願いします。

共感(する) ・実話をもとにしたドラマが、多くの人々の共感を呼んだ。

参考 同感　・その件については私も同感だ。

9
補給(する) ・熱中症予防のため、水分補給をこまめにしてください。

補充(する) ・欠員補充のため、新たにアルバイトを募集することにした。

補足(する) ・先ほど申し上げた件について、補足説明させていただきます。

補償(する) ・交通損害を補償する。　　・災害補償を要求する。

10
保持(する) ・秘密を保持する。　　・彼が世界記録保持者だとは知らなかった。

所持(する) ・逮捕された時、所持金が500円しかなかった。

保存(する) ・肉を冷凍保存しておく。　　・パソコンにデータを保存する。

保管(する) ・最近、衣類の保管サービスが流行っているらしい。

確認問題 2

下線部に正しい漢字を選んで入れましょう。

（1）私はカラオケでストレスを発＿＿＿＿＿する。

> 作・覚・散・足

（2）本社ビルの着＿＿＿＿＿はいつになりますか。

> 工・目・色・手

（3）＿＿＿＿＿入禁止の標識を見落としてしまった。

> 新・侵・進・突

（4）子どもが2歳になったので、4月から仕事に復＿＿＿＿＿する予定です。

> 旧・帰・活・学

（5）さいたま市では、全小中学校にクーラーが＿＿＿＿＿置されている。

> 設・配・装・安

（6）栄養失調による貧血です。栄養補＿＿＿＿＿のための点滴をしましょう。

> 給・充・償・足

（7）彼は水泳のオリンピック記録保＿＿＿＿＿者だ。

> 持・存・管

（8）健康を＿＿＿＿＿持するために、毎日ジョギングをしている。

> 所・保・維・堅

（9）店は今改＿＿＿＿＿中で、来月リニューアルオープンの予定です。

> 定・装・修・造

（10）これまでの研究データから推＿＿＿＿＿して言えることは、
今年もまだまだ厳しい状況が続くだろうということです。

> 理・定・進・測

1 その他の動詞｜自動詞と他動詞①

1 活かす（他） | 意味 ① 活用する ・経験を活かせる仕事に就きたい。
生かす（他） | 意味 ② 生命を保つ ・釣った魚を生かしたまま池に戻す。

2 営む（他） | 意味 （生活などを）する、（会社などを）経営する
・会社員として社会生活を営んでいる。
・父は貿易会社を、母は美容院を営んでいます。

3 潤う（自） | 意味 ① ちょうどよい水分がある ・のど／肌が潤う。
意味 ② 経済的に豊かになる ・駅ができて商店街が潤う。
参考 潤む（自） ・（涙で）目が潤む。

4 老いる（自） | 意味 年を取る
・地方で暮らす、年老いた両親のことが心配だ。
参考 老ける（自）：年取って見える
・年のわりに老けて見える。 ・あの人、最近急に老けたね。

5 おだてる（他） | 意味 ほめて良い気分にさせる 参考 おだてに乗る
・上司をおだてて、おごってもらう。
・子どもは、おだててやる気にさせるのが一番です。

6 衰える（自） | 意味 弱くなる
・体力／足腰が衰える。 ・上陸後も台風の勢力は衰えなかった。

7 帯びる（他） | 意味 含んでいる
・酒気を帯びる。 参考 酒気帯び運転
・ほおが赤味を帯びている。

8 きしむ（自） | ・寝返りをうつたびに、ベッドがきしんで眠れなかった。
・急ブレーキをかけてタイヤがきしむ。

9 志す（自）　**意味** これから行おうとする目標や目的を心の中で決める

・外交官を志して、外国語の勉強に励んでいる。

参考 志を高く持て。

10 こだわる（自）　**意味** 必要以上に気にする

・彼は、どうでもよいような細かいことにこだわる。

・このレストランは、食材にこだわった料理を提供している。

・妹はこだわりが強い性格だ。

11 強いる（他）　**意味** 強制する

・親だからといって、子どもに無理を強いてはならない。

・戦争は国民に多大なる犠牲を強いるものだ。

参考 無理強いする

12 制する（他）　**意味** ① 自分のものにする　　・大差で決勝戦を制した。

・選挙で○○党は議席の過半数を制した。

意味 ② 気持ちを抑える　　・怒りを制する。

13 添える（他）　**意味** 加える

・プレゼントに手紙を添えて渡した。　**参考** 口添え、力添え

14 損なう（他）　**意味** 正常な状態でなくなる

・利益／健康／信用／イメージ／機嫌を損なう。

参考 食べ損なう、聞き損なう、やり損なう：〜することに失敗する

少しくだけた言い方として「損ねる」も使われる

15 背く（自）　・医学部に進学しろという親に背いて、文学部を選んだ。

・上司の命令に背くことはできない。

確認問題 1

文に合うことばを□の中から選び、適当な形にして（　）に入れましょう。

> 衰える・きしむ・こだわる・帯びる・添える・老いる・活かす
> 損なう・制する・営む・おだてる・潤う・背く・強いる・志す

（1）この家は古いので、廊下を歩くと床が（　　　　）音がする。

（2）僕は役者を（　　　　）て、16歳で上京して以来、一度も家に帰っていない。

（3）私の母は、小さなことにもいちいち（　　　　）から、面倒だ。

（4）（　　　　）と、誰でも体力が（　　　　）て体のあちこちが痛くなるものだ。

（5）お酒を飲んで、彼女の頬は赤みを（　　　　）ていた。

（6）冬は乾燥するので、肌が（　　　　）美容液を愛用している。

（7）その俳優は、今回の映画で優れた身体能力を（　　　　）て、

アクションシーンをすべてスタントマンなしで撮影したそうだ。

（8）友達に（　　　　）て、PTA会長を引き受けることになってしまった。

（9）私の父は、国で小さなレストランを（　　　　）でいます。

（10）決して他人に無理を（　　　　）てはならない。

（11）我が校の野球部は、去年の秋の全国大会で決勝戦を1点差で（　　　　）。

（12）恋人の誕生日には、バラの花束に手紙を（　　　　）て贈った。

（13）誕生日を忘れてしまい、妻の機嫌を（　　　　）てしまった。

（14）息子は親の言いつけに（　　　　）て、家を出ていった。

2 その他の動詞 ▎自動詞と他動詞②

1 しつける(他)　**意味** 礼儀を身につけさせる

・子ども／ペットをしつける。

参考 しつけ　・親のしつけがなっていないと言われた。

2 携わる(自)　**意味** (仕事)に関係する

・1年前から新製品の開発に携わっている。

・教育に携わる者として、常に心掛けていることがある。

3 説く(他)　**意味** 愛、人生、生き方などを話して聞かせる

・先生はわたしたちに、学ぶことの大切さを説いた。

・私は部下に、ほうれんそう(報告・連絡・相談)の重要性を説いた。

4 唱える(他)　**意味** ① 主張する

・政府の改革案に絶対反対を唱えた。

意味 ② 声に出して言う

・お経／呪文を唱える。

5 とろける(自)　**意味** ① 固体が液体になる

・チョコレートが、口の中でとろける。

意味 ② 心の緊張がなくなる、和らぐ

・甘い言葉に心がとろけそうになった。

6 妬む(他)

・同僚の成功を妬む自分が嫌になる。

・独身の私は、幸せな結婚生活を営む友人を妬んでしまうことがある。

7 ねだる(他)　**意味** 甘えて、欲しいものを求める

・おもちゃ売り場は、親におもちゃをねだる子どもでいっぱいだ。

・恋人に指輪が欲しいとねだられたので、アルバイトに励んでいる。

8　練る（他）

意味 よりよいものを作ろうと考える

・作戦／計画／対策を練る。　　・この文章はよく練られている。

9　励ます（他）

・失恋して落ち込んでいる友達を励まそうと、いっしょにお酒を飲んだ。

参考 励まし　・試験に落ちてショックを受けている彼に対して、励ましの言葉も見つからなかった。

10　経る（自）

意味 ① 時間が過ぎる

・長い年月を経て、街並みはすっかり変わってしまった。

意味 ② そこを通って行く

・ニューヨークから東京を経て、北京へ帰った。

11　報じる（他）

意味 知らせる

・その事件は、当時、新聞やテレビニュースで大々的に報じられた。

12　負かす（他）

意味 〜に勝つ

・16歳の天才少女が名人を負かしたと話題になった。

13　満たす（他）

意味 いっぱいにする

・何も食材がなくて、カップラーメンで腹を満たした。

・彼は結婚相手としての条件をすべて満たしている。

14　養う（他）

意味 生活の面倒をみる

・私は妻子を養うためだけに働いているのではない。

・親が子を養うのは当然だ。

15　和らぐ（自）

意味 暑さ／寒さ／痛み／気持ちが穏やかになる　　**参考** 和らげる（他）

・薬を飲むと、痛みが和らいだ。

・ストレスがたまると、音楽を聴いて気持ちを和らげるようにしている。

確認問題 2

いっしょに使う言葉を線で結びましょう。

（1）杯を　　　　　　　　　　・　　　　　　　　・　練る

（2）改革の必要性を　　・　　　　　　　・　携わる

（3）三人の子どもを　　・　　　　　　　・　ねだる

（4）おこずかいを　　　　・　　　　　　　・　養う

（5）異論を　　　　　　　　　・　　　　　　　・　経る

（6）親が子を　　　　　　　・　　　　　　　・　説く

（7）仕事に　　　　　　　　　・　　　　　　　・　満たす

（8）作戦を　　　　　　　　　・　　　　　　　・　しつける

（9）猛暑が　　　　　　　　　・　　　　　　　・　唱える

（10）長い時を　　　　　　　・　　　　　　　・　和らぐ

（11）他人の幸せを　　・　　　　　　　・　妬む

（12）新聞が　　　　　　　　・　　　　　　　・　報じる

1 いろいろなパターンの動詞 ┃ 意味がたくさんある ┃

1 仰ぐ
① 顔を上げて上を向く　　・空／天を仰ぐ。
② 尊敬する　　・父親を人生の師として仰ぐ。
③ 目上の人に命令や指示などを求める　　・専門家の指示を仰ぐ。

2 餓える
① お腹が空いてたまらない状態が続いている
・世界中で大勢の子どもたちが餓えている。
② ほしいものが手に入らず、それを強く求める状態が長く続いている
・彼は母親の愛情に餓えている。

3 掲げる
① 人々によく見えるように高く上げる　　・国旗を掲げる。
② 理想、目標、要求などを出す
・我が校は今年度新たな目標を掲げている。

4 霞む
① 薄い雲に覆われた感じで、はっきり見えない状態
・今朝は霧が出て、遠くの山が霞んで見えた。
② ほかに印象が強いものがあって、そのものが目立たなくなる
・彼女の華々しい活躍で、他の議員たちはすっかり霞んでしまった。

5 凝る
① ひとつのことに夢中になる　　・私は今、手品に凝っている。
② 細かい所まで様々な工夫をする　　・凝ったデザインの洋服を着る。
③ 筋肉が固くなったり重く感じたりする
・長時間のパソコン作業で肩が凝る。

6 凌ぐ
① 苦しい状況を何とか過ごす
・新聞紙にくるまって寒さを凌ぐ。　　・雨風を凌ぐ家さえない。
② 能力や程度があるところを超えている
・この新作は、前作を凌ぐ傑作だ。

第1章

7 募る（つの）る

① 思いや気持ちがますます激しくなる

・会えないと恋しさが募るばかりだ。

② 募集する　・社内で早期退職者を募っている。

8 遠ざかる（とお）ざかる

① 遠くに離れる

・足音が次第に遠ざかっていった。

・船が岸から遠ざかる。

② 長い間あることをしなかったり、距離を置いたりする

・大学院を卒業してから、しばらく研究から遠ざかっていた。

9 粘る（ねば）る

① 柔らかく、良く伸びて、ものにくっつきやすい

・この納豆はよく粘る。

参考 粘り気（ねばけ）（がある）

② あきらめないで続ける

・試合では、最後の最後まで粘った方が勝つ。

③ 長い時間居続ける

・コーヒー1杯で何時間も粘る客がたまにいる。

10 弾く（はじ）く

① 曲げたものが元に戻る力で跳ね飛ばす

・輪ゴム、グラス、おでこ、弦楽器の弦などを指ではじく。

② 寄せ付けない／はねのける

・水をはじくスプレーをかけておいた。

・迷惑メールは自動的に弾かれるように

なっている。

参考 そろばんを弾く：損か得かを
計算する

第1章 STEP 3 動詞と名詞を覚えよう！

確認問題 1

a．bそれぞれの（　）には同じ言葉が入ります。□の中から適当なものを選んで正しい形にして入れましょう。

> 遠ざかる・掲げる・はじく・餓える・粘る・募る・仰ぐ・凝る・かすむ・しのぐ

（1）a　長時間パソコンで作業したら肩が（　　　　）た。
　　 b　母は今編み物に（　　　　）ている。

（2）a　（　　　　）彼の姿を泣きながら見送った。
　　 b　引退してから、長い間サッカーからは（　　　　）ていた。

（3）a　卒業式では、学生たちの母国の国旗を（　　　　）ことにしている。
　　 b　創立以来、確固たる理念を（　　　　）て、ここまでやってきた。

（4）a　この車のボディには、水を（　　　　）コーティングが施されている。
　　 b　力いっぱい指でおでこを（　　　　）て、とても痛かった。

（5）a　冬山で遭難して、雪解け水と持っていたわずかな食料で餓えを（　　　　）だ。
　　 b　彼は既に師匠を（　　　　）実力を身につけている。

（6）a　父が留学を許してくれるまで、（　　　　）つもりだ。
　　 b　ハンバーグを作る時は、ひき肉が（　　　　）までよくこねてください。

（7）a　戦時中、子どもたちはろくに食べられず（　　　　）ていた。
　　 b　彼女は幼い頃に両親と死に別れたため、親の愛情に（　　　　）ていた。

（8）a　彼は、私の兄を師匠と（　　　　）で、どこに行くにもついてまわった。
　　 b　どうして私ばかりがこんな目に合うのかと、思わず天を（　　　　）だ。

（9）a　彼女への（　　　　）思いに耐えきれず、ついに好きだと言ってしまった。
　　 b　当社では即戦力となる若い人材を（　　　　）ています。

（10）a　競合他社の安くて使い勝手のいい新製品の登場で、わが社の類似品はすっかり（　　　　）でしまった。
　　 b　霧深い山道での運転はわずか数メートル先が（　　　　）で非常に危険だ。

2 いろいろなパターンの動詞 ┃助詞といっしょに覚える┃

1 に欠ける

意味 あるべきもの（常識、配慮、協調性、説得力など）がない

・記者会見での彼の発言は、女性への配慮に欠けていたと言わざるを得ない。

2 が冴える

意味 興奮や緊張などで、働きがはっきりしている状態

・目が冴えて眠れない。　　・今日は頭が冴えている。

冴えない

意味 ① 今一つ足りないところがあって満足できない状態

・相変わらず冴えない成績に、思わずため息が出た。

意味 ② すっきりしない状態

・顔色／気分／表情が冴えない

3 を察する

意味 ① 事情を推察する　　・危険／気配を察する。

意味 ② 同情する　　・心中／お気持ちお察しします。

4 を悟る

意味 物事の本当の意味や、隠されていたことを知る

・自分の限界を悟る。　　・事の重大さを悟る。

5 が迫る

意味 ① その時期（締め切り、死期、賞味期限など）が間近である

・毎月原稿の締切が迫ると、胃が痛くなる。

意味 ② 何か（危険、敵、濁流など）がすぐそばまで来て、圧倒されている

・自分の身に危険が迫っていることは、知る由もなかった。

6 が絶える

意味 それまで続いてきたこと（連絡、消息、子孫など）が、終わりになる

・彼からの連絡が絶えて久しい。　　・人通りが絶える。

参考 息（が）絶える＝死ぬ

絶えない

意味 その状態（よくない噂、心配、苦情、紛争など）がなかなかなくならない

・子どものことでは心配が絶えない。

7 を尽くす

意味 後で後悔しないように、（全力、最善、贅（贅沢）、誠意など）すべてを出し切る

・誠意を尽くして海外からの客をもてなした。

が尽きる

意味 だんだん（運、力、食糧などが）減っていって、ついになくなる

・ゴールした途端、力尽きてその場に倒れた。

参考 ⇔が尽きない：不満、話、興味などがなくならない

・学生時代の友人とたまに会うと、昔話が尽きない。

8 に臨む

意味 ① 試験、試合、面接、開会式、交渉など大事な場に出る

・彼は緊張した面持ちで初めてのプレゼンテーションに臨んだ。

意味 ② 何かに面している

・海に臨む家を買った。　　・湖に臨むホテルで一泊した。

9 を果たす

意味 ① 約束、責任、公約など、やらなければならないことを完全に実行する

・市長は当選時の公約を果たせないまま任期を終えた。

意味 ② 目的、役割、機能など、その地位において期待される仕事をやりとげる

・キャプテンとしての役割を立派に果たした。

10 をもたらす

意味 何らかの原因があって、ある事態（勝利、豊かさ、弊害、危機など）が生じる

・台風が田畑に大きな被害をもたらした。

・和平条約の締結により平和がもたらされる。

確認問題 2

（　　）に適当な助詞を入れ、いっしょに使う言葉を線で結んで文を完成させましょう。

（1）あの人は、悪い噂　　　　　　　　　　・　　・（　　）絶えない

（2）目の前に、締め切り　　　　　　　　　・　　・（　　）果たす

（3）チームに勝利　　　　　　　　　　　　・　　・（　　）欠ける

（4）子どもとの約束　　　　　　　　　　　・　　・（　　）もたらす

（5）医師は患者に対して、常に最善　　　　・　　・（　　）尽きない

（6）彼の取った行動は、常識　　　　　　　・　　・（　　）察する

（7）相手の立場や思い　　　　　　　　　　・　　・（　　）迫る

（8）万全の体制で就任式　　　　　　　　　・　　・（　　）冴える

（9）彼からの連絡　　　　　　　　　　　　・　　・（　　）絶える

（10）現場を見て、事故の深刻さ　　　　　・　　・（　　）臨む

（11）眠い時にコーヒーを飲むと、目　　　・　　・（　　）悟る

（12）親友である彼女とは、いくら話しても話・　　・（　　）尽くす

（13）ここのところ成績　　　　　　　　　・　　・（　　）冴えない

1 意味や形が似ている名詞①

1

（お）あいこ
・妹：おねえちゃん、私が取っといたプリン食べたでしょ！
姉：この間私が残しといたケーキ食べたでしょ。だからおあいこね。

（お）しまい
・こうして、太郎と花子は幸せに暮らしました。おしまい。
・今日のおはなしは、これでおしまいです。

（お）そろい
・双子の姉妹はおそろいの服を着ていて、見分けがつかなかった。

2

合間
・仕事の合間に少しずつ編んでいたセーターが、やっとできあがった。

すき間
・壁と机のすき間にペンを落としてしまった。　**参考** すきま風

間柄
・私と彼の間柄を聞かれて、彼は即座にただの友達だと答えた。

3

後回し
・弟は、いつもやりたくないことを後回しにする。

遠回り
・そっちから行くと遠回りになるから間に合わないよ。こっちから行こう。　**参考** 遠回し　・遠回しに言う。

手回し
・二次会の予約までしてあるとは、手回しがいいね。

根回し
・部長：本格的な交渉の前に、根回しをしっかり頼むよ。
部下：はい、承知しました。

4

あべこべ
・左右があべこべだよ。　　・これじゃあ順序があべこべだね。

あやふや
・頭を強く打ったせいか、事故の日の記憶があやふやだ。

さかさま
・壁の絵が上下さかさまだ。

裏返し
・シャツを裏返しに着たまま出かけてしまった。

5

安静
・副社長：社長が救急車で運ばれたって？　容態はどう？
秘書：しばらくは絶対安静だそうです。

安定
・あの頃に比べると、今は精神状態が安定している。

固定
・骨折した足をギプスで固定している。

6 意向（いこう）
・当人（とうにん）の意向（いこう）を無視（むし）して話（はなし）を進（すす）めることはできない。
・取引先（とりひきさき）の意向（いこう）に沿（そ）うよう努力（どりょく）する。

意図（いと）
・これは単（たん）なる偶然（ぐうぜん）なのか、それとも彼女（かのじょ）は意図的（いとてき）に僕（ぼく）に近（ちか）づいたのか。
・この作品（さくひん）は、作者（さくしゃ）の意図（いと）がわかりにくい。

意地（いじ）
・意地（いじ）を張（は）ると人（ひと）に嫌（きら）われる。　・意地（いじ）でも私（わたし）一人（ひとり）でやってみせる。

7 現場（げんば）
意味 ① 事件（じけん）が起（お）きたその場所（ばしょ）
・現場（げんば）を取材（しゅざい）した。　・事故現場（じこげんば）は人通（ひとどお）りの少（すく）ない道（みち）だった。
意味 ② 実際（じっさい）に何（なに）かが行（おこな）われている場所（ばしょ）
・政府（せいふ）は医療現場（いりょうげんば）の声（こえ）をもっとちゃんと聞（き）くべきだ。

本場（ほんば）
・ミュージカルの本場（ほんば）であるブロードウェイで歌（うた）と踊（おど）りのレッスンを受（う）けたい。　・本場仕込（ほんばじこ）みのフランス料理（りょうり）を堪能（たんのう）した。

現状（げんじょう）
・現状（げんじょう）を踏（ふ）まえた上（うえ）で、今後（こんご）の対策（たいさく）を考（かんが）えなければならない。

実態（じったい）
・生活実態（せいかつじったい）の調査（ちょうさ）を行（おこな）う。　・この数字（すうじ）は実態（じったい）とかけ離（はな）れている。

8 告白（こくはく）
・映画（えいが）のようにロマンチックな愛（あい）の告白（こくはく）を受（う）けてみたい。

告訴（こくそ）
・名誉棄損（めいよきそん）で告訴（こくそ）された。　・告訴（こくそ）を取（と）り下（さ）げる。

忠告（ちゅうこく）
・彼（かれ）は友達（ともだち）の忠告（ちゅうこく）に耳（みみ）を貸（か）さなかった。
・息子（むすこ）の忠告（ちゅうこく）に従（したが）って、運転免許（うんてんめんきょ）を返上（へんじょう）した。

告知（こくち）
・ガンを告知（こくち）する。　・一方的（いっぽうてき）に契約解除（けいやくかいじょ）を告知（こくち）された。

9 仕上（しあ）げ
・「仕上（しあ）げは君（きみ）に任（まか）せるよ」とシェフは私（わたし）に言（い）った。

仕入（しい）れ
・仕入（しい）れのために、毎朝（まいあさ）3時（じ）に起（お）きて市場（いちば）へ出（で）かける。

仕組（しく）み
・この機械（きかい）の仕組（しく）みは複雑（ふくざつ）でよくわからない。

仕込（しこ）み
・私（わたし）が働（はたら）いているレストランでは、朝（あさ）8時（じ）からランチの仕込（しこ）みを始（はじ）める。

| 10 | 終日＝1日中 | ・昨日は、終日外回りの仕事だった。 |

終始　　・その学生は、面談の間、終始うつむいたままであった。

参考 終始一貫　　・彼の彼女に対する態度は終始一貫していた。

始終(名)　　・事の始終を明らかにする。　　・二人は始終ケンカしている。（副）

| 11 | 手はず | ・出国の手はずを整えて、自宅で待機してください。 |

手際　　・私が風邪で寝込んでいると、彼は手際よくおかゆを作ってくれた。

段取り　　・段取りが悪いと、時間ばかりかかってなかなか作業が進まない。

確認問題 1

正しいほうを選びましょう。

（1）彼は何をやらせても（　後回し　・　手回し　）がいい。

（2）子どもの頃、私と姉はよく（　おそろい　・　おあいこ　）の服を着ていた。

（3）幼児は靴を左右（　あやふや　・　あべこべ　）にはいてしまうことがある。

（4）うちのシェフは、食材の（　仕入れ　・　仕上げ　）から、料理の

　　（　仕入れ　・　仕上げ　）まで、すべて自分自身の目で確認する。

（5）本日、台風接近のため、JR は（　終始　・　終日　）運休となっております。

（6）今まで黙ってたんだけど、実は君に（　告知　・　告白　）したいことがある

　　んだ。

（7）出国の（　手際　・　手はず　）を整えたのに、ビザがおりなくて困っている。

（8）（　手はず　・　段取り　）がついたので、さっそく作業を始めましょう。

（9）さすが（　現場　・　本場　）仕込みのダンスは迫力があるね。

（10）家事の（　すき間　・　合間　）に更新していたブログが編集者の目に留まり、

　　本を出版することになった。

2 意味や形が似ている名詞②

1

規範 ・社会規範に基いた行動が求められる。

規約 ・マンションの管理組合の規約では、動物を飼ってはいけないことになっている。

規律 ・団体行動では、各自が規律を守るべきだ。

規定 ・社内規定により、出張先との往復にビジネスクラスは利用できない。

2

脚本 ・脚本通りに演じる。　・彼女は有名な脚本家だ。

手本 ・習字の時間に、手本をよく見て書くように言われた。
・6年生は、新入生のお手本になるような行動をとりましょう。

原本 ・必ず原本をご用意ください。コピーは受け付けません。

根本 ・考えが根本から異なるのだから、理解し合うには相当時間がかかるだろう。
・前に進むには、まずはこの根本的な問題を解決しなければならない。

3

口論 ・騒音をめぐって、隣人と口論になった。

口実 ・不正行為を正当化する口実を作る。　・それは単なる口実だ。

口頭 ・口頭弁論に臨む。　・ハングル検定1級には口頭試問がある。

4

自我 ・3歳の娘は、最近自我に目覚めたようだ。

自発 ・何事も自発的に動いてくれると助かる。

自立 ・親が子供の自立を妨げてはならない。

自己 ・人生において、立ち止まって自己を見つめる時間が必要だ。

5

しん(芯)
・鉛筆の芯の濃さと硬さは H、B など記号で表される。
・ろうそくの芯が折れてしまった。

じく(軸)
・回転軸がずれる。　　・軸足に重心をかける。

ふし(節)
意味 ① 体の関節　・久しぶりに運動すると、体の節が痛む。
意味 ② そう考えられる点　・言われると思い当たる節がある。

6

ひび
・この器、ひびが入ってるから捨てるわね。
・骨にひびが入って、全治1か月だそうだ。

みぞ(溝)
・酔っぱらって道路の溝に落ちたことがある。
・あの件以来、仲が良かったふたりの間に溝ができてしまった。

わく(枠)
・枠の中は記入不要です。　　・予算の枠を超えないようにする。

ふち(縁)
・彼女は赤い縁のメガネがよく似合う。
・アレルギーで目の縁がかゆい。
・机の縁に腰かける。

7

弁護
・その弁護士は、無償で彼の弁護を引き受けた。

弁解
・ミスをした時には、弁解などせずにすぐに謝ったほうがいい。

弁明
・上司にこの件について弁明を求めたが、無駄だった。

8

身の上
・新聞の身の上相談のコーナーは欠かさず読んでいる。
・会ったばかりなのに、身の上話を延々と聞かされた。

身元
・身元不明の死体が見つかった。　　・身元確認を急いでください。

身内
・お葬式は身内だけでとり行いました。

身分
・身分違いの恋は切ないものだ。
・身分証明書として免許証のコピーを提出した。

確認問題 2

下線部に正しい漢字を選んで入れましょう。

（1）わが校では、生徒の自_____を促す指導に力を入れております。

発・我・立・己

（2）_____本がとても面白かったので、このドラマへの出演を決めました。

原・根・手・脚

（3）_____内に必要事項のご記入をお願いします。

縁・溝・枠

（4）夏休みの間も規_____正しい生活を送るように先生に言われた。

律・定・範・約

（5）彼女はいつも自分の悲しい身_____を嘆いている。

の上・内・元・分

（6）野党はこの件について与党に弁_____を求めたが、与党は応じなかった。

明・護・解

（7）久しぶりに子どもとキャッチボールをしたら、体の_____が痛くなった。

軸・芯・節

（8）子どもの受験をめぐって、妻と口_____になった。

実・論・頭

1　その他の名詞①

1　仰向け（になる）

・ベッドに仰向けになるように、医師に言われた。
・赤ちゃんを仰向けに寝かせる。⇔うつ伏せ

2　見当（がつく／もつかない）

・長い付き合いだから、彼がどうするのかだいたい見当はつく。
・突然、会社をクビになった。これからどうなるのか、見当もつかない。

3　根気（がある／ない）

・息子は幼いころから根気がなく、何をやっても続かない。
・私の長所は、何にでも根気よく取り組み、最後まであきらめないことです。

4　生計（を立てる）

・年金だけでは足りず、アルバイトをしながらなんとか生計を立てている。
・日雇いの仕事で生計を立てている。

（参考）・家計が苦しい。　　・家計簿をつける。

5　声明（を出す／発表する）

・両国政府は、首脳会談の後、共同声明を出した。
・弁護士団体が、法案決議反対の声明を発表した。

（参考）表明　　・引退を表明する。

6　説得（する／に当たる）

・留学に反対する両親を説得するのに苦労した。
・警察は、懸命に容疑者の説得に当たった。

（参考）説得力　　・彼の説明は、説得力に欠けていた。
　　　　⇔説得力がある　　・彼の説明には説得力があった。

（参考）説教　　・親が子どもに／先生が生徒に説教する。

7 前途（が明るい／を危ぶむ）
・若者の前途は明るい。
・国家の前途を危ぶむ。

参考 前途洋洋 ⇔ 前途多難

8 知性（がある／ない）
・知性がある人は、そんなばかな行動はしない。
・彼のふるまいには、知性が感じられる。

9 つじつま
（を合わせる／が合わない）
・話のつじつまを合わせるために嘘をついてしまった。
・つじつまが合わない話をして、嘘がばれた。

10 伝記
・小学生の頃、エジソンやベートーベンなど、伝記物を読むのが好きだった。
・彼の生涯を描いた伝記小説がベストセラーになった。

11 人柄（がいい）
・彼は高学歴のエリートで、人柄も良く、社内での評判はとても良い。
・彼女の話す言葉に、人柄のよさがにじみ出ている。

参考 家柄（がいい）

12 見込み（がある／ない）
・見込みのある若者が入ってきたと思っていたら、たった3か月で辞めてしまった。見込み違いだった。
・医者に治る見込みがないと言われ、絶望した。

確認問題 1

文に合うことばを□の中から選んで、（　　）に入れましょう。

> 生計・見当・人柄・伝記・見込み・知性・前途・表明・説得・
> 仰向け・説教・うつ伏せ・根気・知的・声明・つじつま・家計

（1）人生において重要な選択をする際には、その人の（　　　　　）が問われる。

（2）年老いて先の短い私には、（　　　　　）明るい若者の姿がまぶしい。

（3）モーツァルトの（　　　　　）を読んで、音楽家を志すようになった。

（4）背中が痛むので、病院に行ったら、医師からベッドで（　　　　　）になるように言われた。

（5）夫に突然死なれて、彼女はどうやって（　　　　　）を立てていくべきか悩んでいる。

（6）酔っぱらった上司に、（　　　　　）の合わない話を長々と聞かされた。

（7）会社が倒産した。これからどうなるのか（　　　　　）もつかない。

（8）私は（　　　　　）がなくて、やり始めたことを途中でやめてしまうことが多い。

（9）担任の先生に呼び出されて2時間も（　　　　　）された。

（10）家出していた少女は警官に（　　　　　）されて、無事自宅に戻った。

（11）結婚相手は外見ではなく（　　　　　）で選ぶべきだと親は言う。

（12）医師に命が助かる（　　　　　）があるのかどうかたずねた。

（13）政府は外交問題における重大な（　　　　　）を発表した。

2 その他の名詞②

1 格差（かくさ）
・我が国では、さまざまな場における男女格差が大きな社会問題となっている。
・賃金格差の是正が求められている。　**参考** 格差社会

2 禁物（きんもつ）
・いくら忙しいからと言って、無理は禁物ですよ。
参考 油断禁物
・相手チームが弱いからといって、油断は禁物だ。

3 経緯（=いきさつ）（けいい）
・上司に事の経緯を説明するように言われた。
・警察官に、事故の経緯を説明した。

4 こつ（がわかる／をつかむ／を覚える）
・逆上がりは、コツさえわかればだれでもできるようになる。
・なかなかコツがつかめなくて、上手くできない。
参考 たいていカタカナで「コツ」と書く

5 下火（になる）（したび）
・タピオカブームは近頃、下火になったらしい。
・一時激しかった論争が、近年下火になっている。

6 ずれ
・国会議員と国民の間で、日常生活における感覚にずれが生じている。
・オンラインなので、多少時間のずれはありますが、気にしないでください。
参考 ずれる
・雨のため、運動会の開始時刻がずれた。

7 当選（する）（とうせん）
・生徒会会長に立候補して、当選した。⇔ 落選
・開票開始後5分で当選確実となった。

| 8 | 反響(がある／を呼ぶ) | ・その作家の新作に、読者から大きな反響があった。 |
| | | ・その時の彼女の行動が、SNS 上で大きな反響を呼んだ。 |

| 9 | 一筋 | ・彼は、高校時代から初恋の彼女一筋だった。 |
| | | ・大学を卒業するまで野球一筋の人生だった。 |

| 10 | めど(をつける／がつく) | ・来月末をめどに完成させる。 |
| | | ・いつまで経っても問題解決のめどがつかない。 |

確認問題 2

正しいほうを選びましょう。

（1）彼は、付き合い始めてからずっと彼女（　一人　・　一筋　）だ。

（2）今担当している仕事に（　めぼし　・　めど　）がついたら、休暇を取って旅行するつもりだ。

（3）彼女に事の（　経緯　・　経験　）を話したが、わかってもらえなかった。

（4）けん玉は、（　ひも　・　こつ　）さえつかめば簡単にできる。

（5）（　差別　・　格差　）社会では、努力が報われないこともある。

（6）宝くじの（　当選　・　抽選　）発表は、12 月 31 日に行われる。

（7）ブームは下火（　になって　・　にして　）も、愛好家は全国にたくさんいる。

（8）私と彼の考え方に（　ずれ　・　きれ　）があって、けんかばかりしていた。

（9）新作に対する読者の（　反発　・　反響　）は想像を大いに上回るもので、喜びを隠せなかった。

（10）何事も油断（　禁止　・　禁物　）、最後まで気を抜かないように。

第1章 STEP 6 動詞と名詞を覚えよう！

1 ふたつ以上の意味を持つ名詞と動詞 ┃ 名詞 ┃

1 模様

① 水玉模様、花模様

② その場の状況

・決勝戦の模様は、今夜8時から生中継でお届けします。

③ これからそうなると思われる状況

・除雪作業が終わり次第、通行止めは解除となる模様です。

2 筋

① 体の筋　　・首筋、足の筋などを痛める。

② 素質がある

・コーチに「君は筋がいいね。きっとすぐに上達するよ」と言われた。

③ 筋が通っている（⇔筋が通らない）：物事が正しく行われている

・彼の話は筋が通っていて、納得せざるを得なかった。

・そんな筋が通らない話、誰も信じないよ。

参考 筋違い　　・僕に頼むのは筋違いだよ。

3 種

① 花や野菜などの種　　・かぼちゃの種をまく。

② 喜怒哀楽や、苦労、心配などのもとになるもの

・わがままで甘えん坊の末っ子は、いつも私の悩みの種です。

・子育てにおいては、心配の種が尽きません。

③ 仕掛け　　・手品の種明かしをする。

④ 材料、もとになるもの

・寿司のたね　　・話のたね（「ネタ」とも言う）

4 柄

① 模様

・その少女は、花柄のワンピースがよく似合っていた。

・その着物の柄、素敵ですね。

② 人の体つき　・大柄／小柄な人

③ 性格や立場　・私は人を率いるような柄ではない。

・こんな高級レストラン、柄に合わないよ。居酒屋にしよう。

④ 人柄　・この辺りは柄の悪い人たちが多いから、絡まれない

　　　ように注意したほうがいい。

5 波

① 次々にやって来る大きな流れ

・人波に押されて身動きがとれなかった。

② 波がある：変化が大きい

・姉は感情に波があり、泣いたり笑ったり目まぐるしい。

・この作家は、作品の出来に波がある。

③ 波に乗る：周りの動きや勢いを利用する

・景気回復の波に乗って、わが社の売り上げも大幅に増えた。

確認問題 1

いっしょに使う言葉を線で結びましょう。

（1）波が　・　　　　　　　・乗る

（2）柄の　・　　　　　　　・いい

（3）筋が　・　　　　　　　・合わない

（4）柄に　・　　　　　　　・ある

（5）波に　・　　　　　　　・悪い男

2 ふたつ以上の意味を持つ名詞と動詞┃動詞┃

1 受ける

① 注文／試験／質問／検査／相談を受ける。
② ボール／風を受ける（＝が当たる）。
③ 影響／恩恵／感銘／被害を受ける。
④ 援助／招待／歓迎／手当を受ける（＝される）。
⑤ 人にウケる（＝好まれる）。
・若者にウケるギャグを研究した方がよさそうだ。

2 送る

① 空港まで送る。
② 卒業生を送る。⇔新入生を迎える。
③ 使者を送る。
④ 忙しい毎日を送る。充実した大学生活を送る。
⑤ 拍手を送る。

3 かなう

① 実現する　　・夢がかなって、歌手デビューすることになった。
② 合う　　・このプロジェクトの趣旨にかなう人材を集めたい。
③ 対抗できる　　・このクラスでサッカーにおいて彼にかなう人はいない。
④ 我慢できない　　・こう暑くてはかなわない。

4 かばう

① エラーをして責められている友達を、彼だけがかばった。
② けがをした右ひざをかばって歩く。

5 絡む

① ひっかかってなかなか取れない、出ない
・髪の毛がブラシにからんで取れない。
・痰がからむ。（のどにひっかかってなかなか出ない）
② 関係がある　　・これは金銭問題が絡んだやっかいな事件だ。
参考 絡まれる：しつこい言動に困る
・酔っ払いに絡まれる。　　・柄の悪い男に絡まれる。

6　暮れる

① 日／年が暮れる（＝終わる）　　参考　日暮れ／年の暮れ

② 涙／悲しみに暮れる：悲しくて何もできない

・息子を亡くした母親は、涙／悲しみに暮れている。

③ 途方に暮れる：どうすればいいかわからない

・旅先でパスポートを紛失して途方に暮れた。

7　のむ

① 海や川に引きずり込まれて姿がみえなくなる

・あっという間に高波にのまれてしまった。

② 条件をそのまま受け入れる

・会社の存続が危ぶまれる中、仕方なくその条件をのむことにした。

③ 息をとめてどうなるかと緊張して見守る

・この間見たアクション映画は、息をのむシーンの連続だった。

④ 悔しさを外に出さないようにする

・試合に負けて涙をのんだ。

8　乗る

① 勢いにまかせて進む

・景気の波に乗って、ここまで会社を大きくしてきた。

② 相手になる　　・困ったことがあれば、いつでも相談に乗りますよ。

③ 予定通りうまく行く　　・最近開店したばかりの2号店が
早くも軌道に乗り、売り上げが好調だ。

9　はさむ

① 休憩をはさんで、仕上げの作業に入りましょう。

② テーブルをはさんで、向かい合って座ってください。

参考　小耳にはさむ

・ちょっと小耳にはさんだんだけど、二人は付き合ってるの？

参考　口をはさむ

・これはふたりの問題だから、横から口をはさまないで。

10	控える（ひか）

① 近日特別な予定がある（きんじつとくべつ　よてい）

・留学を1週間後に控え、緊張で眠れない。（りゅうがく　しゅうかんご　ひか　きんちょう　ねむ）

② 行動を少なめにしたり、しないようにする（こうどう　すく）

・ダイエットのために食事を控えている。（しょくじ　ひか）　**参考** 塩分控えめ（えんぶんひか）

③ 忘れないように書き留める（わす　か　と）

・学校の電話番号を控えておいてください。（がっこう　でんわばんごう　ひか）

④ 出番を待つ（でばん　ま）　・控え室や舞台裏で控える（ひか　しつ　ぶたいうら　ひか）　**参考** 待合室（まちあいしつ）

11	響く（ひび）

① 反射して聞こえる（はんしゃ　き）

・風呂で歌うと、声がよく響いて気持ちがいい。（ふろ　うた　こえ　ひび　きも）

② 余韻が続く（よいん　つづ）　・辺りに鐘の音が鳴り響いていた。（あた　かね　ね　な　ひび）

③ 心に通じる（こころ　つう）　・卒業式の日に先生から贈られた言葉は、（そつぎょうしき　ひ　せんせい　おく　ことば）
　クラス全員の心に響いた。（ぜんいん　こころ　ひび）

④ 他へ影響が及ぶ（ほか　えいきょう　およ）　・レポートを提出しないと、成績に響く。（ていしゅつ　せいせき　ひび）

12	漏れる（も）

① 液体、気体、音や光などがすき間から出る（えきたい　きたい　おと　ひかり　ま　で）

・木々の間から太陽の光が漏れている。（きぎ　あいだ　たいよう　ひかり　も）　**参考** ガス漏れ、雨漏り（も　あまも）

② 秘密にしていた情報が外に知られる（ひみつ　じょうほう　そと　し）

・どこからか情報が漏れていた。（じょうほう　も）

③ 必要なものが抜けてしまう（ひつよう　ぬ）

・なぜか私の名前だけが名簿から漏れていた。（わたし　なまえ　めいぼ　も）

④ 選考で落とされる（せんこう　お）

・オリンピックの代表選考から漏れてしまった。（だいひょうせんこう　も）

⑤ 感情が表に出てしまう（かんじょう　おもて　で）

・感動のあまり、ため息が漏れた。（かんどう　いき　も）

・思わず本音が漏れてしまった。（おも　ほんね　も）

確認問題 2

文に合うことばを□の中から選び、適当な形にして（　　）に入れましょう。

漏れる・受ける・のむ・絡む・かなう・暮れる・控える・送る

かばう・乗る・響く・はさむ

（1）彼の演奏が終わると、会場のあちこちから感動の深いため息が（　　　　　）た。

（2）忘年会で飲み過ぎてすっかり酔っぱらってしまい、上司に（　　　　　）で

しまった。

（3）オヤジギャグはたいてい若者には（　　　　　）から、やめた方がいい。

（4）毎晩8時になると、人々はバルコニーに出て、医療従事者をたたえる拍手を

（　　　　　）。

（5）そろそろ日が（　　　　　）から、おうちに帰ろう。

（6）切実に願い、努力すれば、必ず夢は（　　　　　）と信じている。

（7）結婚式を1か月後に（　　　　　）て何かと忙しい毎日を送っている。

（8）社長の前で、部長はミスをした私を（　　　　　）てくれた。

（9）娘の初舞台を、私は客席で息を（　　　　　）で見守った。

（10）親子の問題に他人が口を（　　　　　）ないでいただきたい。

（11）ちょっといい成績を取ったからって調子に（　　　　　）ていると痛い目に

合うよ。

（12）彼の奏でるメロディーが心に（　　　　　）た。

人の様子

1　ぼうっと

意味　意識がはっきりしない様子

・高熱で頭がぼうっとして、試験どころではなかった。

ぽかんと

意味　突然の出来事にとても驚いて、思わず口をあけてぼんやりしている様子

・昔付き合っていた彼が突然目の前に現れたので、びっくりして、ただぽかんと相手の顔を眺めていた。

きょとんと

意味　わけがわからず、一瞬ぼう然としている様子

・今、自分がどういう状況にあるのかわからず、きょとんとしていた。

2　そわそわ(する)

意味　期待や不安で落ち着かない様子

・今日1年ぶりに帰国した恋人に会えると思うと、そわそわして仕事が手につかない。

どぎまぎ(する)

意味　思いがけないことが起こって、平静でいられない様子

・片思いだと思っていた人に告白されて、どぎまぎした。

3　まごまご(する)

意味　どこへ行けばいいかわからず、うろうろしている様子

・生まれて初めて飛行機に乗った私は、広い空港で、どこで何をしたらいいのかわからず、まごまごした。

たじたじ(だ)

意味　相手の勢いに圧倒されてしまう様子

・子どもたちの鋭い質問の数々に、私たちはたじたじとなった。

あたふた(する)

意味 あわてている様子

・会議当日になって急にプレゼンをやるように言われて、資料をそろえるのにあたふたしてしまった。

おろおろ(する)

意味 突然の出来事にどうしていいかわからず、不安になる様子

・いつも元気で病気ひとつしたことのない母が倒れて、おろおろしてしまった。

4　すらっと/すらりと

意味 長くてまっすぐ伸びている様子

・彼女のすらりとした脚はモデルのようだ。

がっしり(と)

意味 力強くて丈夫そうな様子

・ラグビーの選手は、みんながっしりした体つきをしている。

5　むっつり(と)

意味 愛想がなく、不機嫌そうに黙っている様子

・いつもにこにこしている彼が、今日はなぜかむっつりと黙っている。

ぶすっと

意味 ほおを膨らませて、不機嫌に黙っている様子

・10分遅れて待ち合わせ場所に着いたら、彼はぶすっとした顔で私を待っていた。

6　ぴったり(だ)

意味 合うことを強調する

・彼は私の理想にぴったりの人だ。
・この服は小柄な私にもぴったりだ。

ゆるゆる(だ)
だぶだぶ(だ)
ぶかぶか(だ)

意味 大きすぎてサイズが合わない様子

・このズボンはウエストがゆるゆるだ。
・ズボンがだぶだぶで格好悪い。
・この靴はぶかぶかで、歩くと脱げそうだ。

7 のこのこ（と）

意味 普通なら遠慮するところを、全く気にしないで
その場に現れる様子

・作業が終わりかけた頃に、彼女はのこのことやってきた。

けろりと／けろっと

意味 ① それまでの苦痛が全くなかったかのように元気
な様子

・病院に駆けつけた頃には、母はもうけろっとしていた。

意味 ② 普通なら悩んだり苦しんだりすることを全く気
にしない様子

・二度も約束を破っておいて、けろっとしている。

ぬけぬけ（と）

意味 普通なら言いにくいことを、平気な顔で言う様子

・これまでさんざん世話になっておいて、よくもぬけぬ
けとそんなことが言えるものだ。

8 だらだら（と）

意味 ① 血や汗などが糸のように流れる様子

・だらだらと額から血が流れていた。

意味 ② 緊張感がない様子

・休みの日は一日中家でだらだらしている。

意味 ③ 不必要に続く様子

・開始から2時間経った今も、だらだらと会議が続いている。

9 ぐずぐず（と／する）

意味 迷ったり、ためらったりしている間に無駄な時間
を過ごしてしまう様子

・返事をぐずぐずと引き延ばす。

・ぐずぐずしていると、遅刻するよ！

もたもた（と／する）

意味 動きが遅かったり、なかなかうまくできなかった
りする様子

・もたもたしないで、早くしなさい！

よく使われる擬音語・擬態語その1

練習問題

（　　）の中から適当なものを選びましょう。

（1）会議が始まってから1時間も過ぎているのに、今さら

（　もたもた　・　のこのこ　）と入っていけない。

（2）休みだからといって家で（　ゆるゆる　・　だらだら　）してないで、出かけ

たら？

（3）王子様が拾ったガラスの靴は、シンデレラの足に

（　ぶかぶか　・　ぴったり　）でした。そして二人は結婚して、末永く幸せ

に暮らしました。

（4）日本に来て間もない頃は、どこへ行っても（　まごまご　・　ぬけぬけ　）

していた。

（5）彼女は（　がっしり　・　すらり　）とした体型で、まるでモデルのようだ。

（6）彼女と初めてのデートの日、息子は朝から（　そわそわ　・　あたふた　）

していたが、帰ってきたら（　ぶすっと　・　きょとんと　）していた。けん

かでもしたのかな？

（7）ついさっきまで痛い痛いと死にそうだったのに、薬が効いたのか、今は

（　むっつり　・　けろり　）としている。

（8）親に連れられてここへ来たその子は、わけもわからず

（　きょとんと　・　ぐずぐず　）していた。

1 形容詞① ┃ プラスイメージ ┃

1 潔い（いさぎよい）

意味 未練がなく、思い切りがよい

・失敗を認めて、いさぎよく謝った。

・選挙に負けて、いさぎよく政界を引退した。

2 画期的な（かっきてきな）

意味 今までになく新しくて、すばらしい

・画期的な商品／発明／アイデア

3 簡易な（かんいな）

意味 簡単に扱える、手軽な

・簡易包装　・簡易書留（郵便）　・簡易ベッド

4 勤勉な（きんべんな）

意味 仕事や勉強に一生けん命取り組む様子　⇔　怠惰な

・高校までは勤勉な学生だった。

5 健全な（けんぜんな）

意味 ① 心身に異常がなく、健康的である状態

・健全な精神は、健全な身体に宿る。〈格言〉

意味 ② 悪影響を及ぼす恐れがない状態

・健全な娯楽／遊び／財政

6 好ましい（このましい）

意味 気持ちよく受け入れられる様子

・好ましい結果、状況　⇔　好ましくない人物

参考 快い（こころよい）

・耳に快い音楽が聞こえる。

・二人が交際するのを快く思わない人もいる。

7 質素な（しっそな）

意味 無駄がない　⇔　ぜいたくな

・質素な生活／食事

8 すがすがしい

意味 気持ちがいい、さわやかだ

・すがすがしい朝の空気を胸いっぱいに吸い込む。

参考 みずみずしい　・みずみずしい果物／野菜／肌

9 健やかな

意味 病気やけががなく、健康である様子

・子どもが健やかに育つ。

・子どもの健やかな成長を願う。

10 たくましい

意味 ① 筋肉や骨が発達していて、強そうな印象

・たくましい腕／体つき

意味 ② 他人からどのように思われても気にしない

・（困難な状況においても）たくましい人

・商魂（＝商売しようという意欲）たくましい。

11 巧みな

意味 技術がすばらしい

・巧みな技／プレー／話術

参考 巧妙な（マイナスのニュアンス）

・犯人の巧妙な手口　・巧妙に言い逃れる。

12 望ましい

意味 そうであってほしい

・次期大統領に望ましい人物は誰か、考えてみよう。

・全員出席が望ましい。

13 華々しい

意味 人の注目を集めて華やかな様子

・華々しい活躍／デビュー

14 ふさわしい

意味 条件や場面に合っている様子

・面接試験にふさわしい服装で行きなさい。

・結婚相手にふさわしい人にようやくめぐりあえた。

15 密接な（みっせつな）

意味 切り離すことができないくらい近い（深い）様子

・密接な関係／結びつき

16 無邪気な（むじゃきな）

意味 純粋で、深く考えない様子

・無邪気な笑顔　　・無邪気に遊ぶ子供たち

17 明白な（めいはくな）

意味 だれが見ても明らかで疑いがない様子

・これは明白な事実だ。

参考 明瞭な（めいりょうな）　・明瞭な発音　・意図が不明瞭だ

参考 明朗な（めいろうな）　・明朗な青年　・明朗活発な性格

18 めざましい

意味 それまでの状態と比べて驚くほどすばらしい様子

・めざましい発展／活躍／進歩／働き

確認問題 1

正しいほうを選びましょう。

（1）歌手Ａは、（ すがすがしい ・ 華々しい ）デビューの後、一時売れない

時期があったが、近年は再び（ めざましい ・ たくましい ）活躍を遂げ

ている。

（2）環境保全のため、（ 安易 ・ 簡易 ）包装へのご協力をお願いいたします。

（3）それは、どこからどう見ても（ 明朗 ・ 明白 ）な事実だ。

（4）彼はその（ 巧み ・ 巧妙 ）な話術でクラスの人気者だった。

（5）（ 健全 ・ 勤勉 ）な青少年の育成のための野外活動に参加している。

（6）彼は結婚相手として（ たくましい ・ ふさわしい ）人だ。

（7）母親の死が理解できず、（ 無邪気 ・ 無意識 ）に笑っている幼子を見て、

胸が痛んだ。

（8）失敗を認めてすぐに謝った（ 快さ ・ 潔さ ）が、国民にかえって良い

印象を与えた。

（9）両国はここ数年で（ 過密 ・ 密接 ）な関係を築き上げた。

（10）彼は我が政党に（ 快くない ・ 好ましくない ）人物だ。

（11）親なら誰もがわが子の（ すこやか ・ すみやか ）な成長を願うものだ。

（12）高原の朝の空気は（ みずみずしい ・ すがすがしい ）。

（13）自分の収入に合わない（ ぜいたく ・ 質素 ）な生活がついに自己破産を

招いた。

（14）面談には保護者同伴が（ ふさわしい ・ 望ましい ）が、保護者の都合が

つかない場合は、本人との二者面談とする。

（15）Ａ社は昨年、（ 巧妙 ・ 画期的 ）な商品の開発に成功し、売り上げを

伸ばした。

2 形容詞① ▎マイナスイメージ▎

1 あいまいな

> **意味** 言葉や行動、態度から意志がはっきりしない様子

・あいまいな態度をとる。　　・あいまいな表現は誤解を招く。
・記憶があいまいだ。

2 うっとうしい

> **意味** ① 不快な気分になる　　・うっとうしい天気が続く。

> **意味** ② 同じことをくりかえしされてうるさい

・いつも文句ばかり言ってくる課長がうっとうしい。

3 おろそかな

> **意味** 真面目にしようとしない、いい加減にしている様子

・学生が勉強をおろそかにしてはならない。
・娘を心配するあまり、仕事がおろそかになってしまった。

4 くだらない

> **意味** 価値がない、どうでもいい様子

・くだらないことを言うな。
・くだらない冗談／話／小説／まちがい

5 孤独な

> **意味** 心が通い合う相手が誰もいない様子

・家族も友達もいない、孤独な人生を歩んできた。

6 切ない

> **意味** 胸が苦しくてつらい様子

・切ない恋心を抱く。　　・片思いは切ないものだ。

7 だるい

> **意味** 病気や疲労で、体に力が入らない状態

・発熱のため、体がだるい。
・今日はよく歩いたので、足がだるい。

8 乏しい

> **意味** 必要なものが不足している状態

・意欲／魅力／資金／資源が乏しい。

9 情けない

意味 期待していたのに、ひどくがっかりさせられ、嘆きたくなる感じ

・こんな情けない姿は人に見せられない。
・こんな成績を取ってしまって情けない限りだ。
・そんな情けない顔しないで、次のテストでがんばりなさい。

10 ばかばかしい

意味 見たり聞いたりする価値が全くなく、時間の無駄と感じられる様子

・そんなばかばかしいこと言ってないで、早く仕事に戻りなさい。
・ばかばかしい話につき合っているほど暇じゃない。

11 甚だしい

意味 程度がひどい様子（好ましくない状態に使われる）
・時代錯誤（＝時代遅れ）も甚だしい。
参考 甚だ（副詞）　・甚だ不愉快だ／深刻だ。

12 紛らわしい

意味 よく似ていてまちがえやすい様子

・まぎらわしい名前／漢字／態度

13 みすぼらしい

意味 住まいや身なりなどから貧乏な暮らしをしていることがわかる様子

・みすぼらしい服／家／かっこう／姿

14 無茶な

意味 言うことやすること、考えが普通では考えられない様子
・無茶なことを言う／する。
・無茶な運転／頼み／要求／行動

15 猛烈な

意味 程度が普通の状態をひどく超えている様子
・猛烈な雨／風／勢い／スピード

16	ややこしい

意味 複雑だったり、面倒だったりしてわかりにくい様子

・この機械は操作がややこしい。
・東京の路線図はややこしい。

17	煩わしい

意味 面倒で不快に感じられる様子

・煩わしい手続きにうんざりした。
・人間関係が煩わしくて嫌になることがある。

参考 手を煩わせる（＝面倒をかける）

・お手を煩わせて申し訳ありません。

参考 やっかいな

・やっかいな話になった。
・店でやっかいな客に絡まれた。

第2章

確認問題 2

正しいほうを選びましょう。

（1）僕と彼女が付き合ってるなんて、誤解も（ 華々しい ・ 甚だしい ）。

（2）（ めざましい ・ 猛烈な ）スピードで走ってきた車にぶつけられた。

（3）（ まぎらわしい ・ ふさわしい ）名前のため、有名人とよくまちがえられる。

（4）いつも（ 情けない ・ くだらない ）話ばかりしているので、誰も真面目に彼の話を聞こうとしない。

（5）職場の人間関係が（ 煩わしくて ・ いさぎよくて ）会社を辞めた。

（6）（ 無邪気 ・ 無茶 ）な運転をして、交通事故を起こした。

（7）事業に失敗して（ 情けない ・ すがすがしい ）姿で戻ってきた夫を、妻はやさしく迎え入れた。

（8）昨夜は飲み過ぎて、途中から記憶が（ 明白 ・ あいまい ）だ。

（9）彼女は、俳優にしては普段の表情が（ 好ましい ・ 乏しい ）。

（10）50年前に建てた家なので、最近になって建てられた周りの家と比べると、（ 煩わしい ・ みすぼらしい ）外観になっている。

（11）朝から熱っぽくて、体が（ たくましい ・ だるい ）。

（12）幼い頃に両親と死に別れて、これまで（ 無邪気 ・ 孤独 ）な人生を歩んできた。

（13）（ 好ましい ・ 切ない ）恋心を打ち明けるべきかどうか悩んでいる。

（14）息子はゲームにハマってしまって、勉強を（ 勤勉 ・ おろそか ）にしている。

（15）梅雨入りしてから（ 乏しい ・ うっとうしい ）天気が続いている。

1 形容詞② ┃プラスイメージ┃

1 勇ましい

意味 勇気をもって、目的を達成しようとする様子

・彼のユニフォーム姿はなかなか勇ましかった。

2 円満な

意味 争いがなく、穏やかな様子

・円満な家庭を築く。　　・円満に問題を解決する。

3 簡潔な

意味 短く簡単でよくわかる様子

・志望理由を簡潔にスピーチする。

・読む人が理解しやすいように簡潔な文章を書く。

4 華奢な

意味 姿や形がほっそりして繊細で上品な様子

・華奢な体つき。　　・イスの作りが華奢だ。

5 すばしっこい

意味 素早く行動する様子

・犬がすばしっこく走り回る。

・子どもたちのすばしっこい動きについていけない。

6 たやすい

意味 簡単にできる様子

・口で言うのはたやすいが、実行するのは難しい。

参考 朝飯前〈口語表現〉

・こんなの僕にとっては朝飯前だ。任せて。

参考 難なく　　・誰も解けなかった問題を、彼は難なく解いた。

7 手軽な

意味 面倒な手続きが不要で、軽い気持ちでできる様子

・普段は手軽な食事ですますことが多い。

8 和やかな

意味 気分が穏やかで、やわらいでいる様子

・話し合いが和やかに進む。

・和やかな雰囲気のパーティーだった。

9　無難な

意味 非常に良いとは言えないが、悪いところや問題点もない様子

・ここは避けた方が無難だ。　・仕事を無難にこなす。
・無難な人生を送る。

10　有望な

意味 将来に望みや見込みがある様子

・有望な新人　・有望株

参考 有力な　・有力候補
　　　有益な　・有益な投資
　　　有意義な　・有意義な時間を過ごす。

確認問題 1

よく用いられる組み合わせです。線で結びましょう。

（1）勇ましい　　　・　　　　　・　体つき
（2）簡潔な　　　・　　　　　・　家庭
（3）華奢な　　　・　　　　　・　青年
（4）無難な　　　・　　　　　・　食事
（5）手軽な　　　・　　　　　・　雰囲気
（6）和やかな　　　・　　　　　・　姿
（7）（将来）有望な　・　　　　・　スピーチ
（8）円満な　　　・　　　　　・　受け答え

2 形容詞② ┃マイナスイメージ┃

1 浅(あさ)ましい
> **意味** ① とても見(み)ていられないほど惨(みじ)めな様子(ようす)
> ・浅(あさ)ましい姿(すがた)
> **参考** 見苦(みぐる)しい　・見苦(みぐる)しい態度(たいど)／服装(ふくそう)／言(い)い訳(わけ)
> **意味** ② 心(こころ)が貧(まず)しく、下品(げひん)で人(ひと)を不快(ふかい)にさせる
> ・浅(あさ)ましい行為(こうい)／根性(こんじょう)

2 あっけない
> **意味** 予想(よそう)していたよりずっと簡単(かんたん)で物足(ものた)りない様子(ようす)
> ・あっけなく負(ま)けてしまった。　・あっけない最期(さいご)／最後(さいご)だった。

3 いやらしい
> **意味** 品性(ひんせい)に欠(か)けていて、相手(あいて)を不愉快(ふゆかい)にさせるような嫌(いや)な感(かん)じ
> ・いやらしい目(め)つき／やり方(かた)

4 痛(いた)ましい
> **意味** 見(み)ていて気(き)の毒(どく)な様子(ようす)
> ・痛(いた)ましいニュース／事故(じこ)／姿(すがた)

5 ぞんざいな
> **意味** やり方(かた)が丁寧(ていねい)でなく、いい加減(かげん)な様子(ようす)
> ・ぞんざいな言(い)い方(かた)をする。　・物(もの)をぞんざいに扱(あつか)う。

6 はかない
> **意味** もろくてすぐに消(き)えてしまいそうな様子(ようす)
> ・はかない命(いのち)／夢(ゆめ)

7 脆(もろ)い
> **意味** 外(そと)からの圧力(あつりょく)や影響(えいきょう)に対(たい)する抵抗力(ていこうりょく)が乏(とぼ)しい
> ・薬(くすり)の副作用(ふくさよう)で骨(ほね)が脆(もろ)くなっている。
> **参考** 涙脆(なみだもろ)い、情(じょう)に脆(もろ)い：心(こころ)を動(うご)かされやすい

8 よそよそしい
> **意味** とても親(した)しいはずなのに、他人(たにん)みたいに親(した)しみがなく冷(つめ)たい様子(ようす)
> ・親友(しんゆう)の態度(たいど)が急(きゅう)によそよそしくなって、戸惑(とまど)っている。
> **参考** 他人行儀(たにんぎょうぎ)な　・他人行儀(たにんぎょうぎ)な態度(たいど)／話(はな)し方(かた)

| 9 | 冷淡（れいたん）な | **意味** 相手（あいて）に興味（きょうみ）や関心（かんしん）がなく、同情心（どうじょうしん）を持（も）たない様子（ようす） |

・冷淡（れいたん）な態度（たいど）／対応（たいおう）　・彼女（かのじょ）はいつも私（わたし）に対（たい）して冷淡（れいたん）だ。

参考 冷静（れいせい）な：物事（ものごと）に動（どう）じないで落（お）ち着（つ）いている様子（ようす）

・冷静（れいせい）な判断（はんだん）、沈着冷静（ちんちゃくれいせい）（＝冷静沈着（れいせいちんちゃく））

参考 冷酷（れいこく）な：冷（つめ）たく思（おも）いやりがない様子（ようす）

・冷酷（れいこく）な仕打（しう）ち／人間（にんげん）

| 10 | 露骨（ろこつ）な | **意味** 自分（じぶん）の感情（かんじょう）や欲望（よくぼう）などを隠（かく）さないで表現（ひょうげん）する様子（ようす） |

・露骨（ろこつ）な態度（たいど）／差別（さべつ）

・露骨（ろこつ）に嫌（いや）な顔（かお）をされた。

確認問題 2

よく用（もち）いられる組（く）み合（あ）わせです。線（せん）で結（むす）びましょう。

（1）脆（もろ）い　　　　　・　　　　　・　判断（はんだん）

（2）露骨（ろこつ）な　　　・　　　　　・　事故（じこ）

（3）あっけない　　　・　　　　　・　態度（たいど）

（4）見苦（みぐる）しい　　・　　　　　・　差別（さべつ）

（5）冷静（れいせい）な　　・　　　　　・　友情（ゆうじょう）

（6）よそよそしい　・　　　　　・　物言（ものい）い

（7）痛（いた）ましい　　　・　　　　　・　服装（ふくそう）

（8）ぞんざいな　　　・　　　　　・　結末（けつまつ）

1 その他の形容詞

1 膨大な
・膨大な資料／計画／予算

巨大な
・巨大な穴／生物　　・巨大企業

莫大な
・莫大な財産／費用

2 大幅な
意味 削減や増収などの変動が大きい様子
・大幅な値上げ／値下げ　　・大幅な賃金カットが見込まれる。

3 久しい
意味 〜てからかなり月日が経っている状態
・大学を卒業してから久しくお会いしていません。
・ピアノを弾かなくなってから久しい。

4 著しい
意味 傾向や、状態の変化が誰にでもはっきりとわかる様子
・進歩／成長が著しい。
・日本に来てから、会話力が著しく伸びた。

確認問題 1

（　）の中から適当なものを選びましょう。

（1）このプロジェクトには、（　巨大な　・　莫大な　）費用がかかっている。
（2）彼とは、高校を卒業して以来、（　乏しく　・　久しく　）会っていない。
（3）コストの大幅な（　リスク　・　カット　）により、利益が出た。
（4）最近、若手クリエイターの成長が（　望ましくて　・　著しくて　）楽しみだ。

2 複合動詞

1 打ち〜

（人）に打ち明ける

意味 今まで人に言っていなかったことを言う

・親友に悩みを打ち明けた。

を打ち切る

意味 中止する、続いてきたことを途中でやめる

・財政難のため、援助が打ち切られた。

に打ち込む

意味 夢中になって行う

・学生時代はボランティア活動に打ち込んでいた。

（人）と打ち解ける

意味 心を許して仲良くなる、親しみを感じる

・1週間も経つと、サークルの仲間と打ち解けていた。

2 押し〜

（場所）に押しかける

意味 招かれないのに行く

・友達の家に大勢で押しかけた。

を押しきる

意味 反対されたり抵抗されたりしても、しようと思ったことを行う

・親の反対を押し切って彼と結婚した。

を押し付ける

意味 無理に相手のものにする

・年老いた父の世話を私に押し付けて、姉は遊び回っている。

が押し寄せる

意味 大勢の人や波などが勢いよくこちらにやってくる

・年明けに、不況の波が押し寄せた。

・開店早々、人々がどっと押し寄せた。

3

見～

に見合う　意味 釣り合っている
・収入に見合った生活をするべきだ。
・報酬に見合わない仕事は引き受けないことにしている。

を見合わせる　意味 することをやめて、しばらく様子を見る
・ただ今、台風の接近により東海道新幹線はすべて運転を見合わせております。

を見極める　意味 正しく理解して判断する
・真実を見極めるのは難しい。

を／と見込む　意味 期待する
・今期の売上はプラス 1,000 万円を見込んでいる。
・君を一人前と見込んで頼みたい仕事がある。

を見抜く　意味 隠れている本当の姿や状態がわかる
・本心を見抜かれないようにふるまわなければならない。
・師匠は弟子の才能を早くから見抜いていた。

4

～込む

に溶け込む　意味 後から入ってきたものが、元からあるものとなじんで一体となる
・転校生はすぐにクラスに溶け込んだ。
・ハロウィンは今や日本社会に溶け込んでいる。

に踏み込む　意味 ① 普通は入らないところに入る
・刑事は、犯人の隠れ家に踏み込んだ。
　　　　　　 意味 ② 深いところまで入る
・もう少し踏み込んだ議論が必要だ。

に放り込む　意味 投げるように、ぞんざいに入れる
・アメを口に放り込んだ。
・汚れた服を洗濯機の中に放り込んだ。

に食い込む

意味 ① 内側に深く入り込む
・指輪が小さ過ぎて、指に食い込んでいる。
意味 ② 時間内に終わらず、次の時間になっても続いている
・授業が長引いて、昼休みに食い込んでしまった。

につけ込む

意味 相手の失敗や弱点を利用して何かをしようとする
・人の弱みにつけ込んで、お金をだまし取ろうとするなんて、ひどい話だ。

(人)を巻き込む

意味 関係のない人を中に入れる
・行方不明になった女の子は、事件に巻き込まれた可能性が高い。
・周りの人も巻き込んで大規模なデモになった。

に割り込む

意味 ルールを無視して、人の列や集まりに無理に入り込む
・電車を待つ列に、後から来た人が割り込んできた。
・人の話に割り込まないでください。

5

～出す

を投げ出す

意味 ① やりかけていたことを途中でやめる
・仕事を投げ出して遊びにいくなんて、社会人として許されない行動だ。
意味 ② 大事なものをあきらめる
・彼は自らの命を投げ出して、川でおぼれた子どもを救おうとした。

から逃げ出す

意味 逃げて、その場所から去る
・その俳優は撮影現場から逃げ出した。
・動物園からライオンが逃げ出した。

抜け出す

意味 ① 悪い状況から良い方向へ移る

・最悪の事態からは抜け出したようだ。

意味 ② 人に知られないように外へ出る

・宴会の途中で抜け出して帰った。

乗り出す

意味 ① 上半身を前の方へ出す

・電車の窓から身を乗り出したら危険です。

意味 ② 積極的に関わる

・警察が事件の調査に乗り出した。

6

～止める

を食い止める

意味 よくない状態がそれ以上悪くならないように止める

・台風の被害を最小限に食い止める。

・病気の進行を食い止める。

を突き止める

意味 徹底的に調べて事実や理由をはっきりさせる

・事故の原因を突き止める。

・犯人の隠れ家を突き止める。

（人）を呼び止める

意味 人に声をかけて止まらせる

・前を歩いている友人を呼び止めた。

・自転車で通りかかった友達を呼び止めて、食事に誘った。

7

～直る

立ち直る

意味 元の良い状態にもどる

・失恋のショックから立ち直る。

・その会社は、何とか倒産の危機から立ち直った。

開き直る

意味 落ち込んだり困ったりするはずの場面で、強い態度に出る

・遅刻を注意された息子は、途中から開き直って母さんが起こしてくれないからだと言った。

出直す（でなお）

意味 ① 一度戻（いちどもど）ってもう一度出（いちどで）かける

・お留守（るす）のようなので、改（あらた）めて出直（でなお）して参（まい）ります。

意味 ② 始（はじ）めに戻（もど）ってやり直（なお）す

・新人（しんじん）の頃（ころ）に戻（もど）ったつもりで一（いち）から出直（でなお）します。

8 を乗（の）り切（き）る

意味 苦（くる）しい状況（じょうきょう）をなんとか無事（ぶじ）に過（す）ごす

・人生最大（じんせいさいだい）の危機（きき）を乗（の）り切（き）った。

・猛暑（もうしょ）の夏（なつ）を何（なん）とか乗（の）り切（き）った。

差（さ）し支（つか）える

意味 何（なに）かをするのに都合（つごう）が悪（わる）い、問題（もんだい）がある

・差（さ）し支（つか）えなければ、お電話番号（でんわばんごう）を教（おし）えてくださいませんか。

・明日（あす）の試合（しあい）に差（さ）し支（つか）えるといけないので、今夜（こんや）は早（はや）めに帰（かえ）ります。

食（く）い違（ちが）う

意味 うまく一致（いっち）するはずの考（かんが）えや話（はなし）などが、一致（いっち）しない

・両者（りょうしゃ）の意見（いけん）が食（く）い違（ちが）っている。

・実際（じっさい）の数字（すうじ）が予想（よそう）と食（く）い違（ちが）っている。

へ／にたどり着（つ）く

意味 苦労（くろう）してやっとそこまで行（い）く

・2時間（じかん）も歩（ある）き回（まわ）ってやっと目的地（もくてきち）にたどり着（つ）いた。

・ここにたどり着（つ）くまでに、どれほど苦労（くろう）したことか。

に働（はたら）きかける

意味 自分（じぶん）の要求（ようきゅう）を受（う）け入（い）れてもらうために、積極的（せっきょくてき）に提案（ていあん）をする

・会社（かいしゃ）に労働条件（ろうどうじょうけん）の改善（かいぜん）を働（はたら）きかけた。

・飲酒運転（いんしゅうんてん）で我（わ）が子（こ）を失（うしな）った人（ひと）たちが、再発防止（さいはつぼうし）を国（くに）に働（はたら）きかけた。

を持（も）て余（あま）す

意味 必要以上（ひつよういじょう）にあって、どのように使（つか）えばいいのかわからなくて困（こま）る

・暇（ひま）／時間（じかん）／体力（たいりょく）を持（も）て余（あま）している。

確認問題 2

いっしょに使う言葉を線で結びましょう。

（1）友達に悩みを　　　　　・　　　　　　　・打ち込む

（2）サークルの仲間と　　　・　　　　　　　・打ち解ける

（3）暇を　　　　　　　　　・　　　　　　　・打ち明ける

（4）親の反対を　　　　　　・　　　　　　　・打ち切る

（5）猛暑の夏を　　　　　　・　　　　　　　・押し切る

（6）列に　　　　　　　　　・　　　　　　　・乗り切る

（7）被害を最小限に　　　　・　　　　　　　・見抜く

（8）ウイルスの研究に　　　・　　　　　　　・見合う

（9）途中で仕事を　　　　　・　　　　　　　・割り込む

（10）本心を　　　　　　　　・　　　　　　　・つけ込む

（11）弱みに　　　　　　　　・　　　　　　　・放り出す

（12）収入に　　　　　　　　・　　　　　　　・抜け出す

（13）（長年続いた）支援を　・　　　　　　　・食い止める

（14）犯人の隠れ家を　　　　・　　　　　　　・突き止める

（15）授業を途中で　　　　　・　　　　　　　・持て余す

人の動き

1　あくせく（と）

意味　何かに追われているように、精神的な余裕がないまま働き続ける様子

・あくせく働いても、ちっとも生活は楽にならない。

せかせか（と）

意味　あせっているかのように落ち着きなく動く様子

・夫はいつもせかせかと歩く。

2　ちょこまか（と）

意味　落ち着きなく動き回っている様子

・子どもはわけもなく、ちょこまか走り回るものだ。

のっそり（と）

意味　動きが遅くて重そうな様子

・息子は、お昼前になってようやくのっそりと部屋から出てきた。

3　ひょいと／ひらりと

意味　身軽に動く様子

・彼はひょいと塀を飛び越えた。
・彼女はひらりと馬に飛び乗った。

ふらりと／ふらっと

意味　予告のない行動や予定にない行動を思いつきでする様子

・仕事帰りにふらっと本屋に立ち寄った。
・長い間連絡もしてこなかった、遠方に住む息子が突然ふらりと戻ってきた。

4　ずかずか（と）

意味　遠慮なく行う様子

・他人の家にいきなりやってきて、ずかずかと部屋に上がり込むなんて失礼極まりない。

ぞろぞろ（と）　**意味** 大人数で並んで移動する様子

・空港の中を移動するアイドルの後ろを、ファンが
　ぞろぞろついて回った。

5 すらすら（と）　**意味** 途中でつかえることなく、順調に進んでいく様子

・面接官の質問にすらすらと流ちょうな英語で答えた。

すいすい（と）　**意味** 空中や水中を途中で止まることなく、進んでいく
　　　　　　　　　　様子

・その犬は、すいすいと泳いで川を渡った。

するする（と）　**意味** 滑るように滑らかに移動する様子

・サルはするすると木に登った。

6 じろじろ（と）　**意味** 好奇心のあまり、遠慮なく見つめ続ける様子

・頭のてっぺんからつま先までじろじろと見つめられて
　不快だった。

ちらっと　**意味** 一瞬だけ見たり話したりすること

・彼は私のほうをちらっと見ただけで、行ってしまった。
・その話は会議の途中にちらっと出ただけで、すぐ次の
　話題に移った。

7 おずおず（と）　**意味** 自信がなく、ためらいながら言う様子

・彼はここに来た理由をおずおずと話し始めた。

⇔ぽんぽん　**意味** 遠慮なく次から次へと意見を言ったり何かしたり
　　　　　　　　　する様子

・私にはぽんぽん何でも言うくせに、他の人の前では
　おとなしい。

よく使われる擬音語・擬態語その2

ずけずけ（と）

意味 相手が聞きたくないようなことを、遠慮なく言う様子

・彼女は誰にでも言いにくいことをずけずけと言うタイプだ。

ぽつり（と）

意味 ひとこと言う様子

・彼は最後にぽつりとつぶやいた。

参考 ぽつんと：他から離れて孤立している様子

・ひとりぽつんとバス停に立っていた。

・町の外れにぽつんと一軒家があった。

ぶうぶう（と）

意味 不満を言う様子

・彼はいつもぶうぶう文句ばかり言っている。

8　てくてく（と）

意味 長い距離をただひたすら歩き続ける様子

・駅からタクシーに乗らずに、てくてく歩いてきた。

とぼとぼ（と）

意味 元気なく歩いている様子

・仕事でミスをして、とぼとぼ歩いているところを友達に見られた。

9　すごすご（と）

意味 がっかりして元気なくその場を離れる様子

・試合に負けて、すごすごとロッカールームへ引き上げた。

10　がぶり（と）

意味 大きく口を開いて食いつく様子

・大きな肉のかたまりにがぶりと食いついた。

ぱくぱく（と）

意味 大きな口を開けてどんどん食べること

・その子は出されたごちそうをぱくぱく食べた。

11 ごくごく（と）　**意味** 大量の液体を勢いよく飲む様子

・のどが渇いていたので、出された水をごくごく飲んだ。

⇔ちびちび（と）　**意味** 少しずつ何回も分けて行う様子

・お酒をちびちびと飲む。　・金をちびちびと使う。

12 ごしごし（と）　**意味** 汚れなどを落とすために、力をいれて何度もこする様子

・泥まみれの靴はごしごし洗ってもなかなか汚れが落ちない。

練習問題

後にくる動詞は？

（1）ぶうぶう　・　　　　　　　　　　　・ 働く

（2）てくてく　・　　　　　　　　　　　・ 食べる

（3）ぱくぱく　・　　　　　　　　　　　・ 飲む

（4）ごしごし　・　　　　　　　　　　　・ 洗う

（5）すいすい　・　　　　　　　　　　　・ 帰る

（6）じろじろ　・　　　　　　　　　　　・（文句を）言う

（7）あくせく　・　　　　　　　　　　　・ 移動する

（8）ごくごく　・　　　　　　　　　　　・ 泳ぐ

（9）すごすご　・　　　　　　　　　　　・ 歩く

（10）ぞろぞろ　・　　　　　　　　　　　・ 見る

1 副詞 ┃時間・頻度┃

1 かねがね

意味 今回が初めてではなく、前から何度もあったこと

・かねがね申し上げてきたことですが……。

参考 おうわさはかねがね伺っております。
〈初対面のあいさつで〉

2 かねて（から）

意味 以前から聞いたり見たり考えたりしていたこと

・これは私どものかねてからの願いです。

・かねてからご承知のことと存じますが、このたび……。

・かねてから覚悟していた事態ですので、ご心配なく。

3 即座に

意味 するかしないか、どうしようか考えることなくすぐに

・即座に返答する。

・顧客のクレームに即座に対応する。

4 ちょくちょく

意味 あまり間をおかずに同じことをくりかえす様子

・彼は私の家にちょくちょく遊びに来ていた。

・サークルにちょくちょく顔を出す。

2 副詞┃後ろに否定形（～ない）がくる

5 一向に

意味 期待や予想に反して、以前からの様子が変わらない状態

・私がいくら叱っても、娘は一向に勉強しない。

・いろいろな薬を試してみたが、一向に治らない。

6 到底

意味 どんな方法や手段を使っても100%できないと思われる様子

・今からでは、到底間に合わない。

・私たちだけでこのプロジェクトを実現するのは、到底不可能だ。

7 まるっきり

意味 全面的に否定する様子（＝全然、まったく）

・警察は、私の話をまるっきり信じていないようだった。

・スポーツは得意だが、勉強はまるっきりだめだ。

参考 一切：まるっきりよりややかたい表現

・当店では、一切ご予約を受けつけておりません。

・そのようなことは、一切記憶にございません。

8 ろくに

意味 満足できる状態からずいぶん遠い様子

・息子はろくに私の話を聞いていなかった。

・忙しくて、朝からろくに食べてない。

第3章

3 副詞 ┃ 強調 ┃

9　至って

意味 普通以上に、非常に

・いたって健康な／地味な／質素な生活です。

・彼はいたって真面目だ。

10　いやに

意味 普通と違って異常な状態　　**参考** やけに

・いつもにぎやかな教室が、今日はいやに静かだ。

・いつも怒ってばかりいる母親が、今日はやけにやさしい。

11　うんと

意味 たくさん、ひどくの口語的な言い方

・うんと食べて大きくなってね。

・夕飯の時、嫌いな野菜を残したら、お母さんにうんと叱られた。

12　極めて

意味 それ以上はない状態を表し、形容詞と共に用いる。

・視界はきわめて良好だ。　　・事態は極めて深刻だ。

・これは極めて珍しい現象だ。

13　ごく

意味 程度を強調することば

・ごく少数の人しか知らない彼女の秘密を知ってしまった。

・ごく普通の石にしか見えないが、希少価値があるらしい。

14　はなはだ

意味 程度や状態が普通をはるかに超えている様子（好ましくない
ことについて使うことが多い）

・はなはだ不愉快だ。　　**参考** 甚だしい〈P.54 参照〉

15　むやみに

意味 必要以上に度を超えてすること

・小学生の娘は、友達が持っているものを何でもむやみに欲しがる。

・もう大人なんだから、私のやることにむやみに口出ししないで。

参考 やたら（と）〈口語的〉

・やたらと眠いのは寝不足だからだ。

確認問題 1

文に合うことばを□の中から選んで、（　　）に入れましょう。

> ごく・うんと・いやに・かねがね・かねてから・いたって・
> きわめて・ちょくちょく・そくざに・はなはだ・むやみに・
> ろくに・とうてい・いっこうに

（1）この病気は（　　　　　　）高い確率で遺伝することがわかっている。

（2）今更やり直したら、締切には（　　　　　　）間に合わない。

（3）東京の大学へ進学してひとり暮らしを始めてからも（　　　　　　）実家に帰っている。

（4）お噂は（　　　　　　）うかがっております。

（5）（　　　　　　）希望していた部署に配属されて、やりがいを感じている。

（6）人気アイドルも、普段は（　　　　　　）普通の女の子としての生活を望んでいる。

（7）今日に限っていつも不機嫌な課長が（　　　　　　）ニコニコしていて気持ち悪い。

（8）（　　　　　　）練習して、早く先生みたいに上手になりたい。

（9）顧客のクレームには（　　　　　　）対応しなければならない。

（10）こんな夜中に訪ねてくるなんて、（　　　　　　）迷惑だ。

（11）失敗した人を（　　　　　　）責めるのはよくない。

（12）私の父は70歳を過ぎた今でも（　　　　　　）健康だ。

（13）夜勤が続いて、（　　　　　　）寝ていない。

（14）もう半年も病院に通っているが、（　　　　　　）よくならない。

第3章

4 副詞 ▌様子▌

1 あっさり

意味 ① こだわらない、執着しない
・彼は会長の地位をあっさり譲った。
・兄はアルバイトと奨学金で何とかなると言って、親の援助を
あっさり断った。
意味 ② 簡単に、すぐに
・友人に結婚式の司会を頼んだところ、あっさり引き受けてくれた。
・取り調べが始まると、容疑者はあっさり罪を認めた。
意味 ③ 味がしつこくない、淡白な
・あっさりした料理が食べたい。

2 がっしり

意味 体形がしっかりして、丈夫そうな様子
・兄はラグビーをやっているので、がっしりしている。
・夫はがっしりしていて、頼もしく見える。

3 かろうじて

意味 最低限の状態で何とかする様子
・101 点で、かろうじて N1 に合格した。
・寝坊したが、かろうじて授業には間に合った。

4 きちっと

意味 過不足や遅れなどがなく、正確な様子
・面接にはきちっとした服装で行かなければならない。
・言われたことはきちっとやりなさい。
参考「きちんと」より口語的でくだけた感じ

5 きっぱり(と)

意味 はっきりと明確に示す様子 ⇔ **12** やんわり
・同じサークルへ入らないかという先輩の誘いをきっぱり断った。
・彼女は一生結婚するつもりはないと、きっぱりと言いきった。

6 くっきり(と)　意味 輪かくや境界がはっきりわかる様子

・くっきりと日に焼けた跡が残っている。
・幼い頃のやけどの跡が、今でもくっきり残っている。

7 じっくり　意味 十分に時間をかけて取り組む様子

・子育てについて、夫婦でじっくり話し合った。
・この問題については、じっくり考えてから結論を出した方がいい。

8 それとなく　意味 自分の意図が知られないように、はっきり言わない様子

・長年つきあっている恋人に、結婚する気があるのかそれとなく
　聞いてみた。
・相手が本当はどうしたいのか、それとなく聞いてみたらどうだろ
　うか。

9 とっさに　意味 差し迫った状況でのわずかな時間に何かをする様子

・飛んできたボールをとっさに避けた。
・子どもが飛び出してくるのが見えて、とっさにブレーキを踏んだ。

10 まちまち　意味 それぞれ違う様子

・みんな集まってみると、服装がまちまちだった。
・彼の演奏への評価はまちまちだった。

11 まるごと　意味 切り分けたり一部を取り除いたりせず、元の形のままの状態で

・りんごをまるごとかじる。
・ジンベエザメは、小魚をまるごと飲み込んで食べる。

12 やんわり 　意味 相手を傷つけないようにソフトな感じで話す様子

・つきあってほしいと言われたが、やんわり断った。
・ここに自転車を止めないように、やんわり注意した。

13 わざわざ 　意味 普通はそこまでしなくてもいいだろうと思うことをする

・わざわざ持って来なくても、宅配便で送ってくれればいいのに。
・友達が空港までわざわざ出迎えに来てくれた。

確認問題 2

正しいほうを選びましょう。

（1）まだ時間はある。（　くっきり　・　じっくり　）考えてみよう。

（2）初めは（　きっぱり　・　やんわり　）とその気がないことを伝えていたが、

　　　あまりにもしつこいので、付き合う気はないと（　きっぱり　・　やんわり　）

　　　断った。

（3）原稿の締め切りに、（　とうてい　・　かろうじて　）間に合った。

（4）留学したいと言うと、意外にも両親は（　あっさり　・　ろくに　）認めて

　　　くれた。

（5）彼の演技に対する観衆の反応は（　まちまち　・　まるっきり　）だった。

（6）息子は父親に似ず、肩幅が広くて（　きちっと　・　がっしり　）した体型だ。

（7）高齢の父に、そろそろひとり暮らしをやめて、いっしょに暮さないかと

　　　（　とっさに　・　それとなく　）聞いてみたが、全くその気はないようだった。

（8）下宿生のＡさんは毎月（　ろくに　・　きちっと　）家賃を払ってくれる

　　　ので助かる。

1 その他の副詞①

1　敢えて

意味 しなくてもいいことや、損をしたり、危険な目にあったりすることをわざわざする

・親だから、他人が言いにくいこともあえて言う。

・そんなおもしろくない映画をあえて見ようとは思わない。

2　あらかじめ

意味 何かが起こる、またはする前に

・肉は、あらかじめタレにつけておいてください。

・新しい言葉は、あらかじめ意味を調べておくこと。

3　案の定

意味 予想した通りの悪い状態

・ふたりは性格も全く違うし、うまくいくはずがないと思っていたら、案の定すぐに別れた。

・息子が昨日の夜遅くまで起きていたから、翌朝寝坊するのではないかと思っていたら、案の定遅刻したらしい。

4　一挙に

意味 少しずつだったり、何回か続けてではなく、一度に大きく変化すること

・試合前半は1対0だったが、後半で一挙に4点入れて勝った。

・新しいコンピューターの導入により、一挙に問題が解決した。

参考 一斉に：多くの人、またはものが同時に同じことをする様子

・生徒たちは一斉に手を挙げた。

・セットしておいた3つの目覚まし時計が一斉に鳴った。

5　おおかた

意味 細かい点は除いて、大部分は問題ないと判断する様子

・引っ越しの荷物はおおかた片付いた。

・おおかたそんな事だろうと思っていた。

6 強いて（し）

意味 無理をして何かをする

・特に問題はないが、強いて言えば、会話力が若干弱い感じがする。
・その件については、私が強いて何か言う必要もないだろう。

7 そもそも

意味 問題の元となる基本的な事柄

・そもそもこれは夫婦の問題であって、他人が口出しすることではない。
・そもそも真実とは何なのだろう。

8 てっきり

意味 間違っているのに、合っていると疑わない様子

・ずっと学校を休んでいるから、てっきり国へ帰ったと思っていた。
・ふたりはとても仲がいいから、てっきり恋人同士だと思ってたよ。

9 なにとぞ

意味 手紙文やあいさつなどで、自分の願いを強く相手に頼む時に使う表現

・ご指導のほど、なにとぞよろしくお願いいたします。
・なにとぞお許しください。

10 不意に（ふい）

意味 予期しない場面で、突然現れたことに驚いている様子

・恋人との待ち合わせの場所に、不意に元彼が現れた。
・10年前の友達との約束を、不意に思い出した。

11 もっぱら

意味 それだけに集中する様子

・学生時代は友達づきあいもろくにせず、もっぱら研究に打ち込んでいました。
・今年の新入社員はイケメンだともっぱらのうわさだ。

確認問題 1

正しいほうを選びましょう。

（1）とても顔が似ているので（ くっきり ・ てっきり ）双子かと思った。

（2）スピーチ原稿を（ そもそも ・ あらかじめ ）準備しておく。

（3）自分が損をするのを分かっていながら、その仕事を（ しいて ・ あえて ）
引き受ける人はいないと思っていたが、彼は違った。

（4）仕事を辞めてから、（ 一斉に ・ 一挙に ）５キロも太ってしまった。

（5）ふたりの結婚は（ おおかた ・ もっぱら ）決まったと、

（ おおかた ・ もっぱら ）のうわさだ。

（6）（ 案の定 ・ そもそも ）どうして私だけが叱られているのかわからない。
妹たちもいっしょにやったことなのに。

（7）転んでけがでもするのではないかと心配していたら、（ 不意に ・ 案の定 ）
つまずいてひざをすりむいたらしい。

（8）未熟者ですが、（ なにとぞ ・ あらかじめ ）よろしくお願いいたします。

（9）どちらもいいが、（ あらかじめ ・ しいて ）言うなら、こっちの方が好
きだ。

2 その他の副詞②

1 あいにく

意味 期待や目的が外れて、よくないことが起こっている様子

・お土産を渡そうと隣の家を訪ねたが、あいにく留守だった。
・あいにく、本日のセール品は売り切れとなっております。

2 いかにも～らしい／そうだ

意味 状況や雰囲気がそれを表す言葉にふさわしい様子

・いかにも賢そうな子どもたちだ。
・いかにも先生らしい話し方をする。

参考 さも～そうな／そうに

・さも迷惑そうな顔をした。
・さも満足そうにうなずいた。

3 いざ～と

意味 何かを始めようとすると

・いざ彼の前に出ると、何も言えなくなってしまう。
・いざ起きようとすると、頭がくらくらして起き上がれない。

4 いくぶん

意味 少しではあるが、程度に違いがある様子

・いくぶん寒さが和らいだ。
・いくぶん熱が下がったような気がする。

5 一概に～ない

意味 すべてが同じとは言えない様子

・一概にそうだと（は）言いきれない。

6 おのずと

意味 そうしようと思わなくても自然に（必然的に）そうなる様子

・年を取ると、自分の限界がおのずと見えてくるものだ。

| **7** | 極めて（＝この上なく） | **意味** それ以上の程度はあり得ない状態 |

・極めて良好だ／遺憾だ／まれだ。

| **8** | ことのほか | **意味** ① 程度が予想とは大きく違っている様子 |

・ことのほか作業に手間取った。

意味 ② 普通では考えられないほど程度が甚だしい様子

・今朝はことのほか冷え込んでいる。

| **9** | たかが | **意味** その程度や数量などがたいしたことはないと軽く見る様子 |

・たかが百円ぐらいで、ケチなことを言うな。

・たかが10歳の子どもと侮ってはいけない。

| **10** | ひいては | **意味** あることが原因で、同じようなことが他にも広がっていく様子 |

・人のためにやったことが、ひいては自分のためになる。

・国民一人一人の行いが、ひいては国家を動かすことになる。

| **11** | めっきり | **意味** 時が過ぎるとともに起きる変化が、誰の目にもわかりやすい様子 |

・10月に入って、めっきり日が短くなりましたね。

・父もめっきり年を取った。

| **12** | 目下 | **意味** ただいま、現在 |

・その件につきましては目下、検討中でございます。

・目下、恋人募集中です。

後^{うし}ろに続^{つづ}く文^{ぶん}を考^{かんが}えてみましょう。

（1）いざ本番^{ほんばん}となると、_____。

（2）どんなに難^{むずか}しい内容^{ないよう}でも、何度^{なんど}も読^よんでいると、おのずと_____。

（3）今回^{こんかい}のテストでは、前回^{ぜんかい}と比^{くら}べていくぶん_____。

（4）婚約指輪^{こんやくゆびわ}の入^{はい}った小^{ちい}さな箱^{はこ}を開^あけると、彼女^{かのじょ}はさも_____。

（5）「もしもし、ご主人^{しゅじん}いらっしゃいますか？」

　　　「あいにく主人^{しゅじん}は_____」

（6）彼^{かれ}がやったことがすべて間違^{まちが}っているとは一概^{いちがい}に_____。

（7）がんの手術^{しゅじゅつ}をして５年^{ねん}になるが、体調^{たいちょう}はきわめて_____。

（8）目下^{もっか}_____なので、今^{いま}しばらくお待^まちください。

（9）たかが_____やせたくらいで、ダイエットに成功^{せいこう}したとは言^いえない。

（10）最近^{さいきん}　めっきり_____。

（11）ホームステイ先^{さき}の家族^{かぞく}に日本^{にほん}の浴衣^{ゆかた}をプレゼントしたら、

　　　ことのほか_____。

（12）小^{ちい}さな誤解^{ごかい}の積^つみ重^{かさ}ねが、

　　　ひいては_____。

1 よく使われる慣用表現

息

1 をのむ

意味 驚いて一瞬息が止まる

・目の前に突然現れた光景に、息をのんだ。

・この世のものとは思えないほど美しい景色に、思わず息をのんだ。

が詰まる

意味 緊張や我慢で息が苦しくなる

・試験が始まる直前は、緊張のあまり息が詰まる。

・受験生の親もこの時期、息が詰まるような時間を過ごしている。

気

2 が利く／を利かせる

意味 相手の立場や気持ちに合わせて行動する

・三人で出かけたが、二人きりになりたいようだったので、気を利かせてひとりで先に帰った。

・二人きりにしてくれればいいのに、気が利かないやつだ。

が向く／向かない

意味 やりたいという気持ちがある／ない

・気が向いたらあとから行くよ。

・今日は気が向かないから掃除は明日にしよう。

が晴れる

意味 心配や不安などがなくなって気持ちがすっきりする

・不安な時は、先輩に話を聞いてもらうと気が晴れる。

・腹が立っていたけれど、広くて青い海を見たら気が晴れた。

がおけない

意味 遠慮したり、気をつかったりしなくてもいい

・彼は高校の同級生で、気のおけない仲間のひとりだ。

・気がおけない友達といると、嫌なことも忘れられる。

が引ける

意味 ① 他人に比べて自分が下だと感じる

・結婚相手の家族はみんな大卒で、私だけが高卒なので、少々気が引ける。

意味 ② 相手に対して遠慮したい、または申し訳ない気持ちになる

・みんなまだ仕事しているのに、自分だけ先に帰るのは気が引ける。

2 気	を抜く	**意味** 緊張していた気持ちを緩める

・気を抜かないで最後までがんばろう。

・ここまで来たらもう大丈夫と気を抜いてしまった。

	に障る	**意味** 嫌な気持ちになる

・私が言ったことが気に障ったとしたら、申し訳ありません。

・何か君の気に障るようなことをしたかな？

3 尾	を引く	**意味** 悪い結果の影響を後になってからも受けている

・第一印象の悪さが尾を引いて、結局好きになれなかった。

・前の試合での失敗が尾を引いて、今回も実力を発揮できずに終わった。

4 しっぽ	をつかむ	**意味** 悪いことをした証拠を見つける

・警察はようやく犯人のしっぽをつかんだ。

5 猫	をかぶる	**意味** 本当の性格を隠して、おとなしくしている

・いつもはよくしゃべるのに、今日は猫をかぶっているようだ。

・彼女は男性の前に出ると、急に猫をかぶって別人のようになる。

6 根	に持つ／持たない	**意味** 自分がされた嫌なことをいつまでも覚えている／すぐ忘れる

・彼は根に持つタイプ？それとも根に持たないタイプ？

・彼女は根に持たないタイプだから、そんなに気にしなくてもいいよ。

7 懐	が暖かい	**意味** お金をたくさん持っている

・今日はアルバイト代が入ったから懐が暖かい。

	が寒い／さびしい	**意味** あまりお金がない

・給料日前で懐が寒い／さびしい。

	が深い	**意味** 心が広い

・父のような懐の深い人になりたい。

第3章

確認問題 1

後ろに続く動詞、または形容詞を選び、適当な形にして入れましょう。

> 深い・寒い・いい・暖かい・かぶる・晴れる・持つ・つかむ・
>
> 引く・引ける・詰まる・配る・障る・のむ・利く・抜く

（1）あの人はいつまでも根に（　　　　　　）タイプだから、気を付けた方がいいよ。

口では許すようなことを言っても、本当は許せなくて、いつまでも覚えてるんだ。

（2）彼女は合コンでは猫を（　　　　　）おとなしくしているが、普段はうるさいく

らいよくしゃべる。

（3）無口な彼とずっと一緒にいると、息が（　　　　　　）そうだ。

（4）嫌なことがあっても、カラオケに行って大声で歌うと、たいてい

気が（　　　　　）。

（5）さっきの会議では、率直に意見を言ったまでだが、どうやら上司の気に

（　　　　　）ようだ。

（6）どうにかして、ずるいことばかりしているあの人のしっぽを（　　　　）たい。

（7）ちょっとでも気を（　　　　　）が最後、あっという間にトップの座を

奪われる。

（8）ホームパーティーでは、参加者全員が楽しめるように、ホストが十分に気を

（　　　　　）べきだ。

（9）10年前の失恋が尾を（　　　　）て、未だに恋をする勇気が出ない。

（10）年末のボーナスが出たばかりなので、懐が（　　　　　　）。

2 体に関係ある慣用表現

1 頭（あたま）

を抱（かか）える

意味 良い考えが浮かばず、困る

・この件（けん）についてはどうすればいいのかわからなくて、頭を抱えている。

を冷（ひ）やす

意味 冷静（れいせい）になる

・そんなに興奮（こうふん）しないで、一度頭を冷やしてから出直（でなお）した方（ほう）がいい。

が下（さ）がる

意味 自分（じぶん）にはできない行動（こうどう）に感心（かんしん）し、尊敬（そんけい）する

・毎朝早起（まいあさはやお）きして、私（わたし）のためにお弁当（べんとう）を作（つく）ってくれる母（はは）には頭が下がる。

2 顔（かお）

を立（た）てる

意味 相手（あいて）の立場（たちば）が悪（わる）くならないようにする

・気（き）はすすまないが、紹介（しょうかい）してくれた先輩（せんぱい）の顔を立てるためにその人（ひと）に会（あ）うつもりだ。

が利（き）く

意味 ある業界（ぎょうかい）や分野（ぶんや）で知（し）り合（あ）いが多（おお）く、無理（むり）を頼（たの）まれても何（なん）とかできる

・私（わたし）の叔父（おじ）はマスコミ業界（ぎょうかい）で顔が利くので、就職活動（しゅうしょくかつどう）で世話（せわ）になった。

が売（う）れる

意味 多（おお）くの人（ひと）に知（し）られる

・テレビのCMや雑誌（ざっし）に出（で）るようになって、少（すこ）しずつ顔が売れてきた。

3 口（くち）

が重（おも）い

意味 あまり話（はな）さない、なかなか話（はな）そうとしない

・夫（おっと）は口（くち）が重（おも）いほうで、うちではほとんど話（はな）さない。

・容疑者（ようぎしゃ）の口（くち）は重（おも）く、自白（じはく）を得（え）るのに時間（じかん）がかかった。

⇔が軽（かる）い

・あの人（ひと）は口（くち）が軽（かる）いから信用（しんよう）しないほうがいい。

が滑（すべ）る

意味 言（い）ってはいけないことをうっかり言（い）ってしまう

・つい口（くち）が滑（すべ）って、友達（ともだち）から絶対他（ぜったいほか）の人（ひと）には言（い）わないでと言（い）われていたのにしゃべってしまった。

が肥（こ）える

意味 いろいろなものを食（た）べて、味（あじ）がよくわかるようになる

・幼（おさな）い頃（ころ）からおいしいものをたくさん食（た）べさせてもらったので、口（くち）が肥（こ）えている。

| 3 口_{くち} | を挟_{はさ}む | **意味** 人_{ひと}の会話_{かいわ}に途中_{とちゅう}から入_{はい}る
・関係者以外_{かんけいしゃいがい}は口_{くち}を挟_{はさ}まないでください。 |

4 鼻_{はな}	につく	**意味** 態度_{たいど}や言動_{げんどう}に飽_あきて嫌_{いや}になる、うっとうしく感_{かん}じる ・彼_{かれ}の自慢_{じまん}げな態度_{たいど}が鼻_{はな}につく。
	にかける	**意味** 相手_{あいて}より優_{すぐ}れていることを自慢_{じまん}する ・彼女_{かのじょ}は家_{いえ}がお金持_{かねも}ちであることを鼻_{はな}にかけているため、クラスメートから嫌_{きら}われている。
	が高_{たか}い	**意味** 誇_{ほこ}らしい、自慢_{じまん}だ ・親孝行_{おやこうこう}な息子_{むすこ}を持_もって鼻_{はな}が高_{たか}い。

5 耳_{みみ}	に挟_{はさ}む	**意味** 偶然_{ぐうぜん}聞_きく ・彼_{かれ}についての悪_{わる}いうわさを耳_{みみ}に挟_{はさ}んで心配_{しんぱい}している。 **参考**「小耳_{こみみ}に挟_{はさ}む」とも言_いう
	につく	**意味** 聞_きこえてくる音_{おと}が気_きになる ・ちょっとした物音_{ものおと}が耳_{みみ}について、なかなか眠_{ねむ}れない。

6 目_め	が冴_さえる	**意味** 頭_{あたま}の中_{なか}がはっきりして（⇔ぼうっとして）眠_{ねむ}れない状態_{じょうたい} ・寝_ねる前_{まえ}にコーヒーを飲_のんだら、目_めが冴_さえてしまって眠_{ねむ}れなかった。
	が高_{たか}い	**意味** 良_よいものを選_{えら}ぶ判断力_{はんだんりょく}がある ・この商品_{しょうひん}の良_よさがおわかりになるとは、さすがお目_めが高_{たか}いですね。
	が届_{とど}く	**意味** 隅々_{すみずみ}まで十分_{じゅうぶん}に注意_{ちゅうい}ができている状態_{じょうたい} ・一_{ひと}クラスの人数_{にんずう}が少_{すく}ないと、先生_{せんせい}の目_めが行_いき届_{とど}いて安心_{あんしん}だ。
	が肥_こえる	**意味** 良_よいものをたくさん見_みて、ものを見分_{みわ}ける力_{ちから}がついている ・姉_{あね}はこれまでいろいろな男_{おとこ}の人_{ひと}と付_つき合_あってきたから、男_{おとこ}の人_{ひと}を見_みる目_めは肥_こえているはずだ。
	を引_ひく	**意味** 目立_{めだ}っていて、人_{ひと}の注意_{ちゅうい}を向_むけさせる ・会場_{かいじょう}で目_めを引_ひいたのは、入_いり口_{ぐち}にある巨大_{きょだい}なオブジェだった。

6 目 (め)

長い目で見る (ながいめでみる)

意味 今の状況で判断せずに、将来を考え時間をかけて見守る

・新入社員のしたことですから、そう怒らずに長い目で見ましょう。

---

7 足 (あし)

を引っ張る (ひっぱる)

意味 人の成功の邪魔をする

・お互いに足を引っ張り合うのはやめて協力しましょう。

が出る (でる)

意味 予算より出費が上回って、赤字になる

・マンションを購入した時、引っ越しや家具の購入などで当初の予算よりかなり足が出た。

が棒になる (ぼうになる)

意味 足が疲れ切った状態

・営業の仕事で一日中歩き回って、足が棒になった。

---

8 首 (くび)

を突っ込む (つっこむ)

意味 必要以上に関心を持って、関係を持とうとする

・親だからといって、私の問題に何でも首を突っ込まないでほしい。

をひねる

意味 ① どうすればいいかと考え込む、理解できなくて考え込む

・彼は医者の説明を聞いて、首をひねった。

意味 ② 疑問に思う（＝首をかしげる）

・彼女は彼が遅れてきた理由を聞いて、首をひねった。

を横に振る (よこにふる)

意味 反対、拒否、否定の意思を表す

・私が留学したいと言うと、父は黙って首を横に振った。

⇔を縦に振る (たてにふる)

意味 賛成、同意、肯定の意思を表す

・まずは３か月という約束で、ようやく父は首を縦に振った。

---

9 手 (て)

を引く (ひく)

意味 それまでやっていたことをやめる

・わが社は、これ以上損を出さないために、その事業からは手を引くことにした。

を尽くす (つくす)

意味 できることはすべてやる

・末期がん患者である夫に、医師は最後まで手を尽くしてくれた。

第3章

副詞と慣用表現を覚えよう！

9

手

に余る

意味 自分の能力を超えてしまって、どうすればいいかわからない状態

・この仕事は難しすぎて私の手に余る。

に負えない

意味 自分の力で対応できる限度を超えている

・この子は気難しくて私の手に負えない。

を切る

意味 それまでの付き合いをやめる、関係を断つ

・その取引先とは手を切ることにした。

・悪い友達とは手を切ろうと思う。

を打つ

意味 ① 問題に対して対策を取る

・その件に関しては、もう手を打ってあるのでご安心ください。

意味 ② 話し合いの結果、解決したことにする

・今回は、この金額で手を打ちましょう。

を焼く

意味 どう扱えばいいかわからなくて困る

・私は子どもの頃いたずらが大好きで、親が手を焼いていたそうだ。

10

腹

をくくる

意味 どのような結果でも受け入れると決心する

・引き受けたからには腹をくくってやるしかない。

を読む

意味 相手の心の中を推測する

・ビジネスの交渉では、お互い腹の読み合いになる。

を割る

意味 本心を隠さないで話す

・腹を割って話してこそ、お互い理解し合えるというものだ。

確認問題 2

文に合うことばを□の中から選んで、（　　）に入れましょう。
助詞もつけましょう。

```
腹　・　頭　・　耳　・　鼻　・　口　・　目　・　顔　・
足　・　手　・　首
```

（1）偶然（　　　　　）はさんだ話なんだけど、課長が会社辞めるらしいよ。

（2）彼女は美人で頭もいいけど、それを（　　　）かけてるところが残念だね。

（3）一クラスに40人もいると、生徒ひとりひとりにまでなかなか（　　　）
届かない。

（4）いいアイデアが浮かばないから、ちょっと屋上へ行って（　　　）冷やして
くるわ。

（5）これは企業秘密なんだから、うっかり（　　　）滑ったでは済まないよ。

（6）叔母の（　　　）立てるために、先週見合いをしたんだ。

（7）最近、友達の偉そうな態度が（　　　）つく。

（8）彼女の真っ赤なドレス姿が、ひときわ人々の（　　　）引いていた。

（9）部下の度重なる失敗に、課長が（　　　）抱えている。

（10）これは夫婦の問題なので、他人は（　　　）はさまないほうがいい。

（11）実は、私はこの業界では結構（　　　）利くんだ。何でも相談してくれ。

（12）彼は（　　　）軽いから、秘密の話はしない方がいいよ。

（13）夜中に隣の部屋の話し声が（　　　）ついて、眠れなかった。

（14）ここはひとつ、（　　　）くくって勝負しよう。

（15）酒でも飲みながら（　　　）割って話そう。

（16）親が子の出世において、（　　　）引っ張ってはいけない。

（17）すまないが、君は今日限りでこの件から（　　　）引いてくれ。

(18) 一日中立ちっぱなしで（　　　　　）棒になった。

(19) 姉の子を一日預かったが、いたずらっ子で（　　　　　）焼いた。

(20) 彼のプロポーズのことばに、彼女はすぐに（　　　　　）縦に振った。

(21) 子どもたちの安全を守るために、先生はあらゆる（　　　　　）尽くした。

(22) あまり考えないであれこれ買ったら、予算から（　　　　　）出てしまった。

(23) 私の論文を読みながら、教授はしきりと（　　　　　）ひねっていた。

(24) この条件で何とか（　　　　　）打ってくれないか。

人の気持ち

1 うずうず(する)

意味 望んでいるものを待ちきれなくて、じっとしていられない様子

・子どもたちはプレゼントの中身を早く見たくてうずうずしていた。

参考 うすうす:何となく感じてわかっている様子

・家族は必死に隠していたが、父は自分が癌だとうすうす感づいているようだった。

2 かんかん(に/と)

意味 ① 非常に激しく怒っている様子

・父は私が勝手に退学届けを出したと知って、かんかんになって怒った。

意味 ② 太陽/日が強く照りつけている様子

・朝からかんかんと日が照りつけて、今日も暑くなりそうだ。

3 さめざめ(と)

意味 悲しそうに静かに泣き続ける様子

・娘は愛犬の死を知らされ、一晩中さめざめと泣いた。

4 はればれ(する)

意味 悩みなどがなくなって明るい気持ちになる様子

・入学試験が終わって、晴れ晴れとした気分だ。

⇔もんもん(と)

意味 悩み苦しんでいる様子

・どうしたらよいかわからず、もんもんとしている。

5 むかむかする

意味 ① 吐き気がする、気持ち悪い

・二日酔いで胃がむかむかする

意味 ② 怒りが心の底から出てくる様子

・夫の勝手な言い分にむかむかした。

第3章

6　はらはらする

意味 うまくいくかどうか心配で仕方がない様子

・息子の初めてのピアノの発表会を、客席ではらはら
　しながら見守った。

びくびくする

意味 不安で怖がっている様子

・母親にうそがバレるのではないかとびくびくしていた。

ひやひやする

意味 大変なことが起こるのではないかと恐怖や不安を
　　　感じている様子

・受験会場へ行く途中で電車が止まって、試験に間に合
　わないかもしれないとひやひやした。

やきもきする

意味 物事が思うようにいかなくて、心配したり
　　　いらいらしたりする様子

・帰りが遅い娘をやきもきしながら待っていた。

練習問題

どんな気持ち？

（1）仲のいい後輩が初めてのスピーチコンテストに出場し、客席で私は
　　　＿＿＿＿＿＿＿しながら見守った。

（2）就職活動がうまくいかなくて長い間＿＿＿＿＿＿＿としていたが、昨日やっと
　　　内定をもらい、今は＿＿＿＿＿＿＿としている。

（3）カンニングして100点を取ったけど、先生にバレないかと＿＿＿＿＿＿＿している。

（4）母親が＿＿＿＿＿＿＿と泣いている姿を見るのは辛い。

（5）昨晩飲み過ぎたせいで、＿＿＿＿＿＿＿している。

（6）なかなか帰ってこない娘を＿＿＿＿＿＿＿しながら待っていた夫は、娘が
　　　帰宅するなり＿＿＿＿＿＿＿になって怒った。

1 接頭辞と接尾辞┃接頭辞┃

1 過＝過ぎた
・過多、過失、過剰、過密（⇔過疎）、過大（⇔過小）、過不足

2 誤＝誤った
・誤送信、誤作動、誤使用、誤発注

3 私＝個人の
・私生活、私物、私用、私小説

4 実＝実際の
・実生活、実感、実益、実演、実害

5 純＝純粋な
・純金、純愛、純国産、純利益

6 素＝ありのままの
・素顔（すっぴん）、素足、素手、素肌

7 丸＝そのまま全部
・丸暗記、丸一日、丸写し、丸見え、丸焼き

8 猛＝激しい
・猛反対、猛練習、猛特訓、猛攻撃、猛暑、猛スピード

確認問題 1

文に合うことばを□の中から選んで、（　　）に入れましょう。

誤 ・ 純 ・ 私 ・ 素 ・ 丸 ・ 猛 ・ 実 ・ 過

（１）その選手は金メダルを取った感想を聞かれて、まだ（　　）感が湧かないと
答えた。

（２）明日は検定試験で教室を使用するので、（　　）物はすべて持ち帰ってください。

（３）恋愛ドラマの主人公が、（　　）愛を貫く姿に共感する。

（４）親に結婚を（　　）反対されて、家出した。

（５）鍋を（　　）手でつかんでやけどした。

（６）友達のレポートを（　　）写しして提出したら、先生に呼び出された。

（７）自分を必要以上に（　　）大評価しても、（　　）小評価してもいけない。

（８）機械の（　　）作動により、一時操業が停止された。

2 接頭辞と接尾辞 ┃接尾辞┃

1 ～がい
=～する価値や意味がある
・やりがい、生きがい、働きがい

2 ～柄=～の性質上
・仕事柄、季節柄、場所柄、土地柄

3 ～ぐるみ=属するもの全部で
・町ぐるみ、地域ぐるみ、家族ぐるみ

4 ～視=とみなす
・疑問視、重要視、特別視、問題視、客観視、ライバル視

5 ～性=性質
・心配性、冷え性、飽き性、貧乏性

6 ～並み

意味 ① 並んでいること
・町並み、家並み、毛並み、山並み

意味 ② 水準が同じこと
・プロ並み、例年並み、人並み、小学生並み

参考 月並み：特別に変わっていたり、優れていたりする点がない様子　・月並みなセリフ／表現

7 ～難=難しい状態
・経営難、就職難、資金難

8 ～派=集まり
・賛成／反対派、多数／少数派、都会派、実力派、保守派、正統派

9 ～味=～のような感じ
・人間味、現実味、真実味、新鮮味、人情味

確認問題 2

正しいほうを選びましょう。

（1）コロナ禍で、現在多くの飲食店が経営（ 策 ・ 難 ）に直面している。

（2）私は若い頃から冷え（ 性 ・ 質 ）で、真夏でも靴下をはいて寝ている。

（3）少数（ 団 ・ 派 ）の意見も取り入れるべきだ。

（4）どの企画案も、今一つ新鮮（ 性 ・ 味 ）がないと、採用されなかった。

（5）語学学校においては、出席率が最も重要（ 視 ・ 性 ）される。

（6）君は実に教え（ がい ・ 味 ）のある学生だと先生にほめられた。

（7）季節（ 並み ・ 柄 ）、体調を崩しやすいので、お気を付けください。

（8）この町では、地域（ ごと ・ ぐるみ ）の子育てが実践されている。

（9）ひと目で毛（ 柄 ・ 並み ）のよさがわかる。

（10）（ 人 ・ 月 ）並みな文句を並べたプロポーズにがっかりした。

1 よく使われるカタカナ語 する動詞

1 アクセス(する)
〈access〉

意味 ① インターネットなどで、欲しい情報に接する
・この動画には今日だけで1万件のアクセスがあった。

意味 ② 目的地に行くまでの交通手段
・都内へのアクセスがいい立地条件の物件は高く売れる。

2 アピール(する)
〈appeal〉

意味 訴える、主張する
・面接では自分の長所を最大限にアピールすることが大切だ。

3 アプローチ(する)
〈approach〉

意味 近づく、接近する、働きかける
・顧客にどうアプローチすればいいか、先輩に相談した。
・好きな女の子にそれとなくアプローチしてみたが、反応は
いまいちだった。

4 アレンジ(する)
〈arrange〉

意味 ① うまく配置する　・テーブルを中央にアレンジする。
参考 フラワーアレンジメント
意味 ② 手配する　・秘書が社長の会議や出張をアレンジする。
意味 ③ 編曲する　・クラシック曲をジャズ風にアレンジした。

5 キープ(する)
〈keep〉

意味 保つ、確保する
・前の車とは十分な距離をキープしましょう。
・会社設立のために必要な資金はキープしてある。

6 グレードアップ(する)
〈grade up　和製語〉

意味 等級や格を上げる
・マイレージが貯まると、エコノミーからビジネスクラスへ座席を
グレードアップできる。

7 ゴールイン(する)
〈goal in　和製語〉

意味 最終的な目的地に達する
・マラソン大会では、毎年トップでゴールインしていたものだ。
・7年の長い交際期間を経て、ようやく二人はゴールイン
(=結婚)した。

8 コントロール(する)
〈control〉

意味 自分の思い通りに操作、調整する
・俳優の多くは、撮影スケジュールに合わせて体型をコントロールする。

9 デビュー(する)
〈debut　フランス〉

意味 芸能界や文学界などに新人が初めて作品を出すこと
・最近、K-POP アイドルグループのデビューが相次いでいる。
・今やベストセラー作家となった H 氏のデビュー作は○○である。

10 トライ(する)
〈try〉

意味 挑戦する
・ちょっと難しい問題だけど、トライしよう。

11 バトンタッチ(する)
〈baton+touch　和製語〉

意味 仕事などを後の人に引き継ぐ（元々はリレー競争でバトンを次の走者に渡すこと）
・転勤が決まって、後任者に進行中のプロジェクトをバトンタッチした。

12 フォロー(する)
〈follow〉

意味 うまくいかないことや足りない部分を補ったり、助けたりする
・職場では、先輩社員が新人をフォローする。

13 ボイコット(する)
〈boycott〉

意味 ① 消費者の集団的な不買運動
・小さな問題が、大々的なボイコット運動に発展した。
意味 ② 自分たちの要求を認めさせるために、相手に従うことを拒否したりする
・生徒たちは理不尽な校則撤廃を求めて、一斉に授業をボイコットした。

14 リクエスト(する)
〈request〉

意味 番組などの視聴者や店の客、イベントの参加者などが希望や注文を出すこと
・次のリクエスト曲は○○です。どうぞお聴きください。
・お客様のリクエストにお応えして、当店の人気商品が大量入荷致しました。

15 リード(する)
〈lead〉

意味 ① 大勢の人を引っ張る　・彼は業界をリードする人物だ。
意味 ② 試合で相手より優位になること
・現在 A チームが 2 点リードしています。

2 よく使われるカタカナ語 ▎動詞▎

16 キレる

意味 自分の感情を抑えられなくなり、暴力的な言動に出る

・ちょっとしたミスなのに、上司がいきなりキレてびっくりした。

17 サボる

意味 義務や責任としてやるべきことをしないで怠ける

・勉強をやる気がしないので、午後から授業をサボって友達と遊び
に行った。

18 ダブる（←ダブル）
〈double〉

意味 重複する、二重になる

・同じものを二度注文してしまってダブったので、良かったら
お使いください。

19 トラぶる（←トラブル）
〈trouble〉

意味 問題を起こす

・コンピューターがトラブって、作業を中断せざるを得なかった。

確認問題 1

下線部にカタカナを書き入れましょう。

（1）初めて大きなプロジェクトを任されて緊張していた私に、上司は、私がいつで
もフォ＿＿　＿＿するから、安心して取り組むようにと言ってくれた。

（2）自己ア＿＿　＿＿ルが上手い人は、面接で有利だ。

（3）この会社は将来、IT 業界を＿＿　＿＿ドする存在になるだろう。

（4）その歌手は、今年＿＿　＿＿ュー 10 周年記念コンサートを開催するそうだ。

（5）長きにわたって愛を育んできた二人は、本日めでたくゴール＿＿　＿＿した。

（6）息子は最近ちょっとでも気に入らないことがあると、すぐ＿＿　＿＿る。
この間も私がちょっと注意しただけで、大声で怒鳴られ、殴られそうになった。

（7）当時の日米首脳会談をア＿＿　＿＿　＿＿したのは、この本の著者だ。

（8）彼女は、感情のコン＿＿　＿＿　＿＿　＿＿ができない病気を患っている。

（9）コロナ禍では、人との距離を 1 メートル以上キ＿＿　＿＿しなければならない。

（10）空港への＿＿　＿＿セスは、バスがいいかな、それとも電車の方がいいかな？

3 よく使われるカタカナ語 な形容詞

1 アクティブ（な）
〈active〉

意味 活動的な、物事に積極的に応じる様子

・彼女は休日も家にいることはなく、アクティブに動き回っている。

2 グローバル（な）
〈global〉

意味 国際的な、世界規模で

・これからのビジネスには、ますますグローバルな視点が必要だ。

3 クール（な）
〈cool〉

意味 ① 涼しい、冷たい

・クールな色の服。　　・クールビズ：ネクタイと上着なしの服装。

意味 ② 常に冷静な様子

・あの人は何が起こっても常にクールに対応する。

4 シャープ（な）
〈sharp〉

意味 鋭い

・彼は見かけによらず、シャープな頭脳の持ち主だ。（＝頭が切れる）
・彼のシャープな眼差しが女性ファンを虜にしている。

5 シンプル（な）
〈simple〉

意味 ① 飾り気のない　　・シンプルな洋服　　・シンプルなお皿

意味 ② 無駄がない　　・シンプルな生活

意味 ③ 単純な　　・ここはひとつシンプルに考えてみよう。

6 タイト（な）
〈tight〉

意味 ① ぴったり体に合っている様子　　・タイトなスカート

意味 ② ぎっしり詰まっている様子　　・タイトなスケジュール

7 ダイナミック（な）
〈dynamic〉

意味 力強く動いている様子

・ダイナミックな走り／踊り／動き

8 デリケート（な）
〈delicate〉

意味 ① 少しの刺激や変化でも感じやすい、繊細な様子

・この子は感受性が豊かで、デリケートな心の持ち主だ。

意味 ② ちょっとした違いで結果が大きく変わりそうで、扱いが
難しい様子

・これは非常にデリケートな問題だから、慎重に扱わなければならない。

9 ドライ(な)
〈dry〉

意味 ① 乾いている様子　　・ドライフルーツ　　・ドライカレー
意味 ② 世間の常識や感情のために悩むことなく、単純に考える
　　　 様子
・彼女は物事をドライにとらえるタイプだから、付き合いやすい。

10 フェア(な)
〈fair〉

意味 ① 公正な　・フェアプレー　・フェアトレード
意味 ② 展示会　・明日から一週間、駅前の
　　　 デパートで北海道フェアが催される。

11 ラフ(な)
〈rough〉

意味 細かい所は気にせず、全体的におおまかな感じ
・今日は休日出勤なので、ラフな格好で出社した。
・ラフなプランでいいから、一度見せるようにと上司が言った。

12 リアル(な)

意味 実際に今目の前にあるように、現実的な
・この映画は、人々が抱える深刻な問題をリアルに描いている。
・戦場のリアルな映像を見せられて、言葉に詰まってしまった。

参考 リアルタイム（＝即時、同時）
・リアルタイムで放送／視聴する。

13 ルーズ(な)
〈loose〉

意味 ① しまりがない
・この服はルーズフィットだから着心地が楽だ。
・ルーズソックスを履く女子高生はまだ多くいる。

意味 ② だらしない
・時間にルーズな人　　・何かとルーズになりがちな独り暮らし

14 ユニーク(な)
〈unique〉

意味 独特の、独自の
・ユニークな発想／人／ファッション

15 ロマンチック(な)
〈romantic〉

意味 空想的で、甘い雰囲気が漂う様子
・恋人たちのロマンチックな夜を演出するイルミネーション

4　よく使われるカタカナ語┃短縮形┃

16　インフレ（ーション）
〈inflation〉

意味 通貨の価値が下がり、物価が上がり続ける現象

⇔デフレ（ーション）〈deflation〉
・長期にわたるインフレで、人々の生活は苦しくなるばかりだ。

17　コネ（クション）
〈connection〉

意味 特別な利益をもたらす人との結びつき
・私はコネを使って就職したいとは思わない。

18　セク（シャル）ハラ（スメント）
〈sexual harassment〉

意味 職場などで行われる性的、差別的な言動
・上司や取引先のセクハラに耐えきれず、退職した。

参考 パワ（ー）ハラ（スメント）〈power harassment〉

19　デモ（ントスレーション）
〈demonstration〉

意味 ① 意志や要求を示すために、集団で行う運動
・政府の新法案に反対する大規模なデモが行われた。

意味 ② 商品の紹介や宣伝のための実演
・来月、当社の新商品のデモ販売が各地のスーパーで行われる。

20　ハイテク（ノロジー）
〈high technology〉

意味 先端技術、高度な科学技術
・ハイテク産業の育成に力を入れる。

21　ハンデ（ィキャップ）
〈handicap〉

意味 障がい、不利な条件
・ハンデを負っている。　　・ハンデを克服する。

22　プレゼン（テーション）
〈presentation〉

意味 企画や見積もりなどの大まかな内容を提示し、発表すること
・初めて顧客相手のプレゼンを任されることになった。

確認問題 2

下線部にカタカナを書き入れましょう。

（1）会社でひどいセク＿＿＿＿＿＿＿＿を受けているなんて、誰にも相談できなかった。

（2）連日タ＿＿＿＿＿＿＿＿なスケジュールの中、昼ご飯を食べるのも移動の車の中だ。

（3）小さな町工場から出発した会社が、今や世界にいくつもの工場を持つ、

　　　＿＿＿＿＿＿＿ーバル企業に成長した。

（4）スポーツでは常に＿＿＿＿＿＿＿アなプレーが求められる。

（5）人生初めてのプレ＿＿＿＿＿＿＿を控えて、緊張のあまり昨夜は一睡もできなかった。

（6）このナイフはデザインもさることながら、シ＿＿＿＿＿＿＿プな切れ味が、最大の

　　　セールスポイントだ。

（7）この会社では、人を驚かすようなユ＿＿＿＿＿＿＿＿＿＿な発想が求められる。

（8）我が国の経済では、ここ数年続くデ＿＿＿＿＿＿からの脱却が、最重要課題と

　　　して挙げられる。

1 知っておきたいカタカナ語▎人に関する名詞▎

1 エリート

〈élite　フランス〉

意味 選ばれた少数の優秀な人々

・エリート意識が人格に及ぼす影響は大きい。

2 ストーカー

〈stalker〉

意味 相手が嫌がっているのに病的に関心を持ち、しつこく追い回す行為または人

・ストーカー規制法が 2000 年に施行されてからも、ストーカー被害は後を絶たない。

3 ニート

〈Not in Education, Employment or Training〉

意味 学生でもなく、仕事もしていない若者

・2004 年頃から日本でニートが社会問題化している。

4 フリーター

(フリー＋アルバイター)

意味 決まった職に就かず、アルバイトなどで生活する人

・私の兄は大学を卒業してから一度も就職せず、ずっとフリーター生活だ。

5 ライバル

〈rival〉

意味 競争相手

・彼とは高校時代からずっと親友であり、良きライバルだ。

2 知っておきたいカタカナ語 ┃ビジネスに関する名詞┃

6 オファー	意味 提案、申し入れ
〈offer〉	・昨日営業で回った数社から早速オファーが来た。

7 キャリア	意味 ある分野で今までやってきた仕事や地位など
〈career〉	・彼女は外資系の金融業界で、キャリアを積んできた。

8 コスト	意味 費用
〈cost〉	・コストが高くつく。　　・コスト削減（＝コストダウン）

9 コンサルタント	意味 その分野において相談相手となる専門家、特に企業の経営や管理など
〈consultant〉	・経営コンサルタントを招いて、わが社の経営を見直すつもりだ。

10 サイドビジネス	意味 本来の職や専門以外の仕事、副業ともいう
〈side business　和製語〉	・当社ではサイドビジネスを認めているが、認めていない企業も多い。

11 ニーズ	意味 要望
〈needs〉	・新商品開発では、消費者のニーズを把握するための市場調査が欠かせない。

12 ノルマ	意味 割り当てられた仕事
〈norma　ロシア〉	・ノルマをこなす。　　・ノルマが課せられる。

13 ブランド	意味 有名なデザイナーの高級品
〈brand〉	・妻はブランドものが大好きで、帽子から靴まですべて有名ブランドのものを身に着けている。

14 プロジェクト	意味 研究や事業などの計画
〈project〉	・今月から本来の職務を離れ、新製品販売促進プロジェクトの一員となった。

15 ポスト	意味 職場での地位
〈post〉	・日本社会ではいまだに男性が重要なポストの大半を占めている。

第4章

確認問題 1

正しいほうを選びましょう。

(1) 娘の結婚相手は、(エリート ・ ニート)だと生活していけないし、

そうかと言って(エリート ・ ニート)はプライドが高くて面倒よね。

(2) 彼は、次期部長の(コスト ・ ポスト)を狙っているらしい。

(3) 社長に「今回の(コンサルタント ・ プロジェクト)には、わが社の未来

がかかっている。がんばってくれたまえ」と言われた。

(4) 今月の(オファー ・ ノルマ)を達成して、ほっとしている。

(5) 大口の顧客からの(ノルマ ・ オファー)に、社内では驚きと喜びの声

があちこちから聞こえてきた。

(6) 母と娘は親子でありながら、時には(ストーカー ・ ライバル)となる。

(7) 彼女は初任給で、前から欲しかった(ブランド ・ キャリア)のバッグ

を買うことにした。

(8) (ストーカー ・ ニート)に悩まされているなら、すぐに警察に相談し

たほうがいい。

(9) 弟は一流大学を卒業して、大手銀行に勤める(エリート ・ フリーター)

なのに、兄は40歳を過ぎた今も役者になる夢があきられきれず、

(エリート ・ フリーター)だそうだ。

(10) 会社員生活5年の(ポスト ・ キャリア)が、教師の仕事に活かされて

いる。

(11) 帰国子女の彼女は、会社勤めをしながら(サイドビジネス ・ キャリア)

として、翻訳の仕事もしている。

(12) (ノルマ ・ コスト)削減のため、流通の見直しをすることになった。

3 知っておきたいカタカナ語 | その他の名詞 |

1 アナログ(⇔デジタル)
〈analog⇔digital〉
・アナログ世代の私は、パソコンをはじめとするデジタル機器の扱いが苦手だ。

2 アフターサービス
〈after service 和製語〉
意味 商品を売った後も客に対して修理などのサービスを行うこと
・この店はアフターサービスが行き届いていて助かる。

3 インパクト
〈impact〉
意味 人に与える強い印象、衝撃
・インパクトのある作品　・インパクトの強いタイトル

4 オプション
〈option〉
意味 自由に選択するもの
・旅行社はオプションツアーを数多くとりそろえている。

5 カテゴリー
〈category〉
意味 範囲、部門
・いくつかのカテゴリーに分けて、考えてみよう。

6 ギャップ
〈gap〉
意味 違い、差
・ギャップが生じる　　・ギャップを埋める　　・世代間ギャップ

7 ケア
〈care〉
意味 ① 老化や劣化、故障したものに対する手当て
・きれいな髪や肌を保つには、日ごろのケアが大切です。
・この製品はアフターケアが必要だ。
意味 ② 病人や高齢者などに対する看護や支援
・高齢で寝たきりの祖母を自宅でケアするのは大変だ。

8 サポート
〈support〉
意味 支持、支援　　参考 サポーター(応援する人)
・市では、働きながら子育てをする方に、子育てサポート制度の利用をお勧めしています。
・私は、浦和レッズの熱烈なサポーターです。

9 ジャンル
〈genre　フランス〉
意味 芸術作品の区分
・私が好きな音楽のジャンルはK-POPです。

10 セキュリティ
〈security〉
意味 安全、防犯
・私が住んでいるマンションは、セキュリティがしっかりしているので安心だ。

第4章

11 セレモニー
〈ceremony〉

意味 式典

・引退セレモニー　　・卒業セレモニー

12 タイミング
〈timing〉

意味 適当な時を見て行動すること、ちょうどいい時

・タイミングが合う／合わない。　　・タイミングがいい／悪い。

13 ダメージ
〈damage〉

意味 損害

・ダメージを与える／受ける。

14 テンション
〈tension〉

意味 緊張の程度　　**参考** ハイテンション（になる）
　　　　　　　　　　　　　　　　＝テンションが上がる

・好きな食べ物を目の前にすると、テンションが上がる。
・本番を目前にして、けいこに励む生徒たちのテンションが高まった。

15 テンポ
〈tempo　イタリア〉

意味 速さ

・テンポが速い／遅い。

16 ドキュメンタリー
〈documentary〉

意味 実際にあった出来事を記録した映像作品

・このドキュメンタリー映画は多くの人の心を動かした。

17 パニック
〈panic〉

意味 予想しなかった事態に、ひどく不安になったり混乱したり
　　　　する こと

・空港でパスポートを忘れたことに気づいてパニックになった。

18 プレッシャー
〈pressure〉

意味 心理的な圧力

・大事なプレゼンテーションを任されてプレッシャーを感じている。

19 ブレーク
〈break〉

意味 ① 休憩すること　　・仕事の合間のコーヒーブレーク
意味 ② 急に人気が出ること

・彼は90年代にブレークしたアイドルグループの一員だった。

20 ベース
〈base〉

意味 基本、基礎

・トマトソースをベースにしたパスタは、この店の人気メニューの
　ひとつだ。
・その日、彼は白をベースにしたファッションで空港に姿を現した。

21 **ボランティア**

〈volunteer〉

意味 自ら望んで、無報酬で働くこと

・仕事が休みの日は、市のボランティア活動に参加している。

・先週の週末は、ボランティアで商店街の清掃活動をした。

22 **メリット⇔デメリット**

〈merit⇔demerit〉

意味 長所⇔短所

・この制度のメリットとデメリットを整理して報告するように上司から言われた。

・A社との契約締結によって得られるメリットは非常に大きい。

23 **ライブ**

〈live〉

意味 ① 生放送：録画や録音ではなく、そのまま放送すること

・本日は、スタジオから生放送でお伝えしております。

意味 ② 録音や録画ではなく、聴衆の前で行われるジャズやロックなどの演奏会

・ライブハウスにロックバンドのライブを見に行く。

24 **リスク**

〈risk〉

意味 事業における危険性

・リスクが大きい。　　・リスクを抱える。　　・リスクを冒す。

第4章

確認問題 2

文に合うことばを□の中から選んで、（　　）に入れましょう。

（1）その歌手は○○という曲で1980年代に（　　　　　　）した。

> ブレーク・ブレーキ・インパクト

（2）この曲はもう少し（　　　　　　）を速めに演奏した方がいい。

> ライブ・テンポ・ペース

（3）最近会社で世代間（　　　　　　）を感じることがある。

> リスク・ダメージ・ギャップ

（4）主役を演じる舞台の前日は、（　　　　　　）を感じて夜も眠れない。

> タイミング・テンション・プレッシャー

（5）もしこの取引が失敗に終わったら、わが社の（　　　　　　）はかなり大きい。

> ダメージ・メリット・セキュリティ

（6）当時、私はその歌手を（　　　　　　）で見た。

> ジャンル・アナログ・ライブ

（7）事件で傷ついた子供たちの心の（　　　　　　）が必要だ。

> パニック・ケア・ボランティア

1 まとめて暗記したい対義語 ▎名詞▎

1　権利
⇔義務

・人はだれでも人間らしく生きる権利を有する。
・国民には、税金を払う義務がある。

2　好況
⇔不況

・好況の波に乗って、事業を拡大した。
・不況下では、会社を維持していくのがやっとだ。

3　資産
⇔負債

・この会社の資産は 100 憶を超える。
・倒産した当時、会社の負債は 1 憶にのぼった。

4　実践
⇔理論

・机上で理論を学ぶだけでなく、実践練習が必要だ。

5　新品
⇔中古

・友達は新品のパソコンを自慢げに私に見せた。
・問題なく使えるなら、私は安い中古品を買う。

6　直接
⇔間接

・電話では話がよくわからないので、直接会って聞こうと思う。
・その事業には間接的にわが社も関わっている。

7　任意
⇔強制

・参加、不参加は任意なので自由に決めて下さい。
・強制的にやらされるのは誰でも嫌なものだ。

8　日向
⇔日陰

・冬は日向に出ると暖かく、夏は日陰に入ると涼しい。

9　本音
⇔建前

・建前上、表立って反対するわけにはいかないが、本音を言えば反対だ。

10　朗報
⇔悲報

・夕方のニュースで、日本初の金メダル獲得の朗報が舞い込んできた。
・親友の突然の悲報に、目の前が真っ暗になった。

確認問題 1

文に合うことばを□の中から選び、（　　）に入れましょう。
また、その対義語も書きましょう。

> 本音 ・ 権利 ・ 直接 ・ 中古 ・ 朗報 ・ 任意 ・
> 実践 ・ 日陰 ・ 不況 ・ 負債

（1）初孫誕生の（　　　　　　）に、夫と手を取り合って大喜びした。

⇔＿＿＿＿＿＿＿

（2）その会社は1億5千万円の（　　　　　　）を抱えて倒産した。

⇔＿＿＿＿＿＿＿

（3）こちらの設問には（　　　　　　）でお答え頂ければ結構です。

⇔＿＿＿＿＿＿＿

（4）好きな子に（　　　　　　）会って告白する勇気がなかったので、

手紙を書いて、友達に渡してもらった。　　　　⇔＿＿＿＿＿＿＿

（5）暑いから（　　　　　　）で、ちょっと休憩しよう。　⇔＿＿＿＿＿＿＿

（6）この車は（　　　　　）だが、まるで⇔＿＿＿＿＿＿＿のように傷ひとつない。

（7）頭ではわかっていても、いざ（　　　　　）となると、思うように動けない

ことがよくある。　　　　　　　　　　　　　⇔＿＿＿＿＿＿＿

（8）長引く（　　　　　）に、失業者が街にあふれている。　⇔＿＿＿＿＿＿＿

（9）子どもはみんな、教育を受ける（　　　　　）がある。　⇔＿＿＿＿＿＿＿

（10）日本に来たばかりの時、日本人の（　　　　　）と⇔＿＿＿＿＿＿＿がわから

なくて、よく悩んでいたが、今では自分でもうまく使い分けていると思う。

2 まとめて暗記したい対義語 ┃動詞┃

| 1 | 一括(いっかつ)する
⇔ 分割(ぶんかつ)する | ・必要な事務用品は、部署で一括して総務部へ申請してください。
・このスマホは、画面を分割して同時に複数の番組を楽しむことができる。 |

| 2 | 延長(えんちょう)する
⇔ 短縮(たんしゅく)する | ・キャンペーン実施期間を来年1月まで延長することを発表した。
・政府は新型コロナウイルス感染予防のため、勤務時間短縮または
在宅勤務を奨励している。 |

| 3 | 警戒(けいかい)する
⇔ 油断(ゆだん)する | ・海岸地域では、地震が起きたら津波に警戒しなければならない。
・油断禁物、最後まで気を抜かないように。 |

| 4 | 雇用(こよう)する
⇔ 解雇(かいこ)する | ・企業や自治体は障がい者を雇用する義務がある。
・不況に陥ると、真っ先に解雇されるのは非正規社員だ。 |

| 5 | 就業(しゅうぎょう)する
⇔ 失業(しつぎょう)する | ・少子高齢化に伴い、就業人口は減る一方だ。 **参考** 就業時間、就業率
・コロナ禍で失業した人が、ホームレスになるケースが急増している。 |

| 6 | 自立(じりつ)する
⇔ 依存(いぞん)する | ・息子には就職したら、家を出て自立するように言ってある。
・何かに依存しないと生きていけない人は、少なくない。 |

| 7 | 節約(せつやく)する
⇔ 浪費(ろうひ)する | ・食費を節約するために、魚などが安くなる夕方にスーパーへ行く。
・浪費する癖は簡単に直せるものではない。 |

| 8 | 促進(そくしん)する
⇔ 抑制(よくせい)する | ・新製品の販売促進キャンペーンのため、週末も出勤した。
・このたび、政府はインフレを抑制する政策を発表した。 |

| 9 | 近(ちか)づく
⇔ 遠(とお)ざかる | ・誰かが近づいてくる足音が聞こえた。
・遠ざかる彼の後ろ姿をいつまでも見送っていた。 |

| 10 | 夜(よ)が明(あ)ける
⇔ 日(ひ)が暮(く)れる | ・大型台風が真夜中に上陸して、一睡もできないまま夜が明けた。
・子どもたちは、日が暮れるまで外で走り回っていた。 |

確認問題 2

文に合うことばを□の中から選び、（　　）に入れましょう。
また、その対義語も書きましょう。

依存 ・ 一括 ・ 浪費 ・ 抑制 ・ 就業 ・ 近づく ・
延長 ・ 解雇 ・ 夜が明けた ・ 油断

（1）ビザの（　　　　　　）手続きのため、入管を訪れた。　　⇔＿＿＿＿＿＿

（2）これ以上話し合っても時間を（　　　　　　）するだけだから、今日はここでいっ

たん終わりにしよう。　　　　　　　　　　　　　　⇔＿＿＿＿＿＿

（3）いつまでも経済的に親に（　　　　　　）するのは恥ずかしいことだ。

⇔＿＿＿＿＿＿

（4）この国では、女性の（　　　　　　）率が非常に低い。　⇔＿＿＿＿＿＿

（5）試合終了間際の一瞬の（　　　　　　）で、優勝を逃してしまった。

⇔＿＿＿＿＿＿

（6）友達の家で、酒を飲みながら話し込んでいる間に（　　　　　）。

⇔＿＿＿＿＿＿

（7）お客様、お支払いは（　　　　　　）になさいますか。　⇔＿＿＿＿＿＿

（8）この薬はホルモンの分泌を（　　　　　　）する作用がある。⇔＿＿＿＿＿＿

（9）その会社は倒産の危機を乗り切るため、社員の3分の1を（　　　　　）した。

⇔＿＿＿＿＿＿

（10）倒壊の恐れがあるので、この建物の周辺に（　　　　　）と危険です。

⇔＿＿＿＿＿＿

第4章　よく使われる擬音語・擬態語その4

ものや場所の様子

1　がらがら（だ）

意味 人が大勢いるはずの場所に、ほとんど人がいない状態

・新型コロナウイルスの影響で、朝のラッシュ時も電車はがらがらだった。

⇔ぎゅうぎゅう

意味 すき間がないくらい詰め込んだ状態

・朝の満員電車はぎゅうぎゅうで立っているのがやっとだ。

すかすか（だ）

意味 すき間なく詰まっているはずの場所に、すき間がたくさんある状態

・プレゼントの箱を開けると、箱だけ大きくて中はすかすかだった。

がらん（と）

意味 あるはずのものがなくて、その場所が広く感じられる状態

・放課後の教室はがらんとしていた。

ぱんぱん

意味 いっぱいに膨れ上がった様子

・ねんざして、足首がぱんぱんに腫れている。

ぎっしり（と）

意味 物事がすきまなく詰まっている状態

・予定がぎっしり詰まっている。
・箱にぎっしりりんごが詰まっている。

2　からり（と）

意味 湿気が全くない状態

・からりと晴れわたった青空

参考 からっと（からりの強調）

・からっと揚がった天ぷら

第4章

3 ぐにゃぐにゃ（だ）

意味 柔らかくて変形しやすい状態

・ガラスの棒は高熱で溶かすと、ぐにゃぐにゃに曲がった。

⇔こちこち（だ）

意味 水分がなくなったり凍ったりしてかたまってしまった状態

・冬になるとこの池はこちこちに凍って、スケート場になる。

参考 こつこつ（と）：目標に向かって自分なりに努力している様子

・彼はこつこつ勉強して、ついにN1に合格した。

4 ごちゃごちゃ（と）

意味 いろいろなものが散らばってきちんとしていない様子

・彼女の部屋はごちゃごちゃしていて、なにがどこにあるのかよくわからない。

ちらほら（と）

意味 あちらこちらに少しずつ見える状態

・三月中頃になると、東京でも桜がちらほら咲き始めます。

5 どんより（と）

意味 全体的に雲に覆われて薄暗い様子

・今日はどんよりとして肌寒い一日でした。

じめじめ（と）

意味 湿気が多すぎて不快な感じ

・日本の梅雨はじめじめしていて、食べ物も腐りやすいので、十分注意してください。

感触 <ruby>感<rt>かん</rt></ruby><ruby>触<rt>しょく</rt></ruby>

1 さらさら(と／だ)

意味 なめらかで<ruby>流<rt>なが</rt></ruby>れるような<ruby>様子<rt>ようす</rt></ruby>、またはよく<ruby>乾<rt>かわ</rt></ruby>いていてくっついていない<ruby>状態<rt>じょうたい</rt></ruby>

・さらさらの<ruby>長<rt>なが</rt></ruby>い<ruby>髪<rt>かみ</rt></ruby>をした<ruby>少女<rt>しょうじょ</rt></ruby>の<ruby>後<rt>うし</rt></ruby>ろ<ruby>姿<rt>すがた</rt></ruby>を<ruby>覚<rt>おぼ</rt></ruby>えている。
・さらさらの<ruby>粉雪<rt>こなゆき</rt></ruby>が<ruby>降<rt>ふ</rt></ruby>っている。

ざらざら(だ／する)

意味 <ruby>肌<rt>はだ</rt></ruby>ざわりや<ruby>舌触<rt>したざわ</rt></ruby>りがなめらかではなく、ひっかかるような<ruby>状態<rt>じょうたい</rt></ruby>

・<ruby>表面<rt>ひょうめん</rt></ruby>がざらざらした<ruby>紙<rt>かみ</rt></ruby>は、ペン<ruby>先<rt>さき</rt></ruby>がひっかかって<ruby>書<rt>か</rt></ruby>きにくい。
・<ruby>砂<rt>すな</rt></ruby>ぼこりで<ruby>床<rt>ゆか</rt></ruby>がざらざらしている。

2 しっとり(と)

意味 <ruby>全体的<rt>ぜんたいてき</rt></ruby>に<ruby>程<rt>ほど</rt></ruby>よく<ruby>湿<rt>しめ</rt></ruby>り<ruby>気<rt>け</rt></ruby>がある<ruby>気持<rt>きも</rt></ruby>ちがいい<ruby>状態<rt>じょうたい</rt></ruby>

・この<ruby>化粧品<rt>けしょうひん</rt></ruby>を<ruby>使<rt>つか</rt></ruby>うと、<ruby>肌<rt>はだ</rt></ruby>がしっとりして<ruby>気持<rt>きも</rt></ruby>ちがいい。

じっとり(と)

意味 <ruby>不快<rt>ふかい</rt></ruby>に<ruby>感<rt>かん</rt></ruby>じるほど<ruby>非常<rt>ひじょう</rt></ruby>に<ruby>湿<rt>しめ</rt></ruby>っている<ruby>状態<rt>じょうたい</rt></ruby>

・<ruby>面接<rt>めんせつ</rt></ruby>の<ruby>時<rt>とき</rt></ruby>、<ruby>緊張<rt>きんちょう</rt></ruby>のあまり<ruby>手<rt>て</rt></ruby>にじっとりと<ruby>汗<rt>あせ</rt></ruby>をかいていた。

ぐっしょり(と)

意味 <ruby>中<rt>なか</rt></ruby>まで<ruby>染<rt>し</rt></ruby>み<ruby>込<rt>こ</rt></ruby>むほど<ruby>濡<rt>ぬ</rt></ruby>れている<ruby>様子<rt>ようす</rt></ruby>

・<ruby>突然雨<rt>とつぜんあめ</rt></ruby>に<ruby>降<rt>ふ</rt></ruby>られて、<ruby>頭<rt>あたま</rt></ruby>から<ruby>足<rt>あし</rt></ruby>の<ruby>先<rt>さき</rt></ruby>までぐっしょり<ruby>濡<rt>ぬ</rt></ruby>れた。

3 ちくちくする

意味 <ruby>針<rt>はり</rt></ruby>で<ruby>刺<rt>さ</rt></ruby>すような<ruby>痛<rt>いた</rt></ruby>み

・セーターを<ruby>着<rt>き</rt></ruby>ると<ruby>首<rt>くび</rt></ruby>の<ruby>周<rt>まわ</rt></ruby>りがちくちくする。
・<ruby>良心<rt>りょうしん</rt></ruby>がちくちく<ruby>痛<rt>いた</rt></ruby>む。

よく使われる擬音語・擬態語その4

練習問題

どんな様子？

（1）試合が終わった後の＿＿＿＿＿＿＿とした競技場に一人たたずんでいた。

（2）昨夜の雨があがり、今日は朝から＿＿＿＿＿＿＿と晴れて、気持ちいい。

（3）この部屋は半地下なので部屋全体が＿＿＿＿＿＿＿している。

（4）たこやいかは、＿＿＿＿＿＿＿していてつかみにくい。

（5）緊急事態宣言で、週末にもかかわらず、行楽地は＿＿＿＿＿＿＿だ。

（6）このアイドルグループは、来年までスケジュールが＿＿＿＿＿＿＿詰まってい

　　て月に一日しか休日がない。

（7）舞台に上がると、緊張のあまり体が＿＿＿＿＿＿＿にかたまって動けなくなっ

　　てしまった。

触るとどんな感じ？

（1）モデルのような＿＿＿＿＿＿＿の長い髪にあこがれる。

（2）試合から帰ってきた息子のユニフォームは、汗で＿＿＿＿＿＿＿濡れていた。

（3）このハンドクリームのおかげで、乾燥する冬でも手や指先が

　　＿＿＿＿＿＿＿している。

（4）ウールのセーターは、＿＿＿＿＿＿＿するから苦手だ。

（5）この素材は＿＿＿＿＿＿＿していて、肌触りがよくない。

【第２部】
実践問題編

実践問題 1

問題 1 （　　　）に入れるのに最もよいものを、1・2・3・4から一つ選びなさい。

（1）協会の会長に就任することになり、並々ならぬ（　　　）を感じている。

 1　テンション　　2　オプション　　3　ギャップ　　4　プレッシャー

（2）事務用品を管理し、不足しているものを（　　　）しておくのは新入社員の役目だ。

 1保持　　　　　2　保管　　　　　3　補充　　　　4　補足

（3）父は通勤途中に交通事故に（　　　）込まれて大けがをした。

 1　溶け　　　　2　食い　　　　　3　割り　　　　4　巻き

（4）幼い娘を不慮の事故で亡くして以来、夫婦の間に深い（　　　）ができてしまった。

 1　ひび　　　　2　溝　　　　　　3　縁　　　　　4　傷

（5）君は認めたくないかもしれないが、これは（　　　）事実だ。

 1　明朗な　　　2　明快な　　　　3　明白な　　　4　明瞭な

（6）今から走ったとしても（　　　）間に合わない。

 1　なんとか　　2　かろうじて　　3　とうてい　　4　当然

（7）私の父は、国で小さな貿易会社を（　　　）います。

 1　活かして　　2　携わって　　　3　勤めて　　　4　営んで

問題 2 ＿＿＿＿＿の言葉に最も意味が近いものを、1・2・3・4から一つ選びなさい。

（1）高価なものなので、ぞんざいに扱わないでください。

 1　軽く　　　　2　手早く　　　　3　いいかげんに　4　ていねいに

（2）明日のプレゼンの準備はおおかた終わった。

 1　だいたい　　2　すべて　　　　3　やっと　　　4　多少

（3）ラジオ体操をしたら、肩の凝りが少しほぐれた。

 1　ひどくなった　2　和らいだ　　3　ほどけた　　4　ぼやけた

（4）医者にしばらく安静にするように言われた。

 1　休憩する　　2　安心する　　　3　ぐっすり眠る　4　じっとしている

（5）社長のスキャンダルは、わが社に大きなダメージを与えた。

 1　印象　　　　2　利益　　　　　3　損害　　　　4　利害

（6）お話はかねがね伺っております。

 1　ついでに　　2　以前から　　　3　初めて　　　4　ただいま

次の言葉の使い方として最もよいものを、1・2・3・4から一つ選びなさい。

（1）悟る

　　1　若い選手たちと一緒にプレーする中で、自分の体力の限界を悟った。

　　2　授業中、先生の話がほとんど悟れなかった。

　　3　課長は、酒に酔うと必ず自分の若い頃の話を悟り始める。

　　4　言葉は通じなくても、心は悟り合えるものだ。

（2）根気

　　1　大きなプロジェクトを無事終えて、部長は根気よくおごってくれた。

　　2　いつも走り回っている子が、根気よくじっと座っていると心配だ。

　　3　わが身の危険を顧みない彼の根気ある行動に感動した。

　　4　兄と違って、弟は何でも根気よくやり遂げる性格だ。

（3）じっくり

　　1　彼の誘いをじっくり断った。

　　2　この服にその髪型はどうもじっくりこない。

　　3　この件については、夫婦でじっくり話し合おうと思う。

　　4　母親は子どもにここでじっくり待っているように言った。

（4）莫大な

　　1　大昔、莫大な生物が地球上に数多く生息していた。

　　2　当時、父は莫大な借金を背負って必死に働いていた。

　　3　論文を書くためには、莫大な量の資料に目を通さなければならない。

　　4　50年以内に莫大な地震が起きる可能性は非常に高い。

（5）身の上

　　1　昔の日本では、民衆は大きく分けて四つの身の上に分けられていた。

　　2　身の上を証明できるものはありますか。

　　3　身の上のものを片付けて、忘れ物のないようにお帰りください。

　　4　自分の不幸な身の上を人には話したくない。

（6）もたらす

　　1　機内にもたらすことができる手荷物は2つまでです。

　　2　犬を散歩させ、えさをもたらすのは、息子の仕事だ。

　　3　彼の活躍はチームに勝利をもたらした。

　　4　彼は誤って企業秘密を外部へもたらしてしまった。

実践問題 2

問題 1　（　　）に入れるのに最もよいものを、1・2・3・4 から一つ選びなさい。

（1）日本には、子どもの（　　　）成長を願って行う七五三という行事がある。
　　　1　たくましい　　2　いちじるしい　　3　しとやかな　　4　すこやかな

（2）A 社の今期の（　　　）利益は大幅な黒字となる見通しだ。
　　　1　実　　　　　　2　真　　　　　　3　当　　　　　　4　純

（3）彼は並々ならぬ努力で、（　　　）を克服した。
　　　1　キャリア　　　2　ハンデ　　　　3　ノルマ　　　　4　ライバル

（4）彼女は 40 代の今も、10 代の頃の体型を（　　　）している。
　　　1　維持　　　　　2　所持　　　　　3　長続き　　　　4　継続

（5）けんかの原因を聞かれて、初めは黙っていた生徒がやがて（　　　）と話し始めた。
　　　1　すらすら　　　2　ずけずけ　　　3　ぽんぽん　　　4　おずおず

（6）今日は朝からずっと忙しくて、昼ごはんも（　　　）食べていない。
　　　1　いっこうに　　2　ろくに　　　　3　まるごと　　　4　やっと

（7）その少女は、夜遅く出歩いてはいけないという親の言いつけに（　　　）、夜中にこっそり家を出た。
　　　1　養って　　　　2　従って　　　　3　ねだって　　　4　背いて

問題 2　＿＿＿＿＿の言葉に最も意味が近いものを、1・2・3・4 から一つ選びなさい。

（1）才能に恵まれた友人を妬むのは人間としてごく自然なことだ。
　　　1　ふさわしいと思う　　　　　　2　うらやましいと思う
　　　3　望む　　　　　　　　　　　　4　尊敬する

（2）手を出さないで放っておくと、子どもはおのずと親の助けなしに、自分でできるようになるものだ。
　　　1　わざと　　　2　ひとりで　　3　自然に　　4　偶然に

（3）田舎での生活に憧れて地方の農家に嫁いだが、親戚付き合いが想像以上に煩わしい。
　　　1　面倒だ　　　2　やかましい　　3　好ましい　　4　忙しい

（4）私は高校時代の恩師を人生の師匠として仰いでいる。
　　　1　感謝して　　2　尊敬して　　3　見上げて　　4　習って

（5）両親は定年退職後、質素な生活を心がけているそうだ。
　　　1　素直な　　　2　ぜいたくな　　3　良質な　　　4　無駄のない

（6）子ども同士のけんかに、大人がむやみに口を出すべきではない。
　　　1　少しも　　　2　無理に　　　3　絶対に　　　4　必要以上に

問題3 次の言葉の使い方として最もよいものを、1・2・3・4から一つ選びなさい。

（1）有望な

1　彼は今年の春、我がチームの一員となった、将来有望な新人投手だ。

2　今日は実に有望な話し合いができてよかった。

3　その議員は、次期市長選の有望な候補のひとりだ。

4　限られた時間を有望に過ごすために、常に時間の使い方に気を配っている。

（2）あやふや

1　部下のミスは上司の責任なのに、課長は今回の件をあやふやにしようとしている。

2　スリッパの左右があやふやだよ。

3　寝坊してあわてて家を出てきたから、シャツがあやふやになっていた。

4　容疑者は、事件の日の記憶があやふやだと供述している。

（3）みすぼらしい

1　日本は資源にみすぼらしい国だ。

2　ここ1週間はみすぼらしい天気が続いている。

3　4年ぶりに会った元上司は、目を背けたくなるほどみすぼらしい姿だった。

4　この服はデザインが複雑で、着たり脱いだりするのがみすぼらしい。

（4）わざわざ

1　今日は来てくれてありがとう。これからもわざわざ遊びに来てくださいね。

2　お忙しい中わざわざお越しくださり、ありがとうございました。

3　駅前のスーパーへ行くからわざわざ本屋に寄って参考書を買うつもりだ。

4　片思いの彼女にわざわざ話しかけようとすると、緊張して言葉が出てこなくなる。

（5）説得

1　アルバイト先の勤務条件に不満を感じていたが、店長の話を聞いて説得した。

2　私たちの結婚に反対する両親を説得するのにかなり時間がかかった。

3　新入社員にコピー機の使い方を説得してほしいと上司に頼まれた。

4　父は私の顔を見ると説得ばかりで嫌になる。

（6）メリット

1　この取引は成功すれば大儲けできるが、同時に大きなメリットが伴う。

2　メリットがデメリットを上回らなければ、商売は成り立たない。

3　課長は部下との世代間メリットを埋めるために日々努力している。

4　この技の難易度は非常に高く、メリットが高い。

実践問題 3

問題 1 ▶ （　　）に入れるのに最もよいものを、1・2・3・4から一つ選びなさい。

（1）かわいいふたごの姉妹が（　　　）の服を着て歩いていた。

    1　おあいこ　　　2　おたがい　　　3　おそろい　　　4　おしまい

（2）明け方に、警察は犯人が立てこもる店に（　　　）し、無事人質を救出した。

    1　侵入　　　　2　進入　　　　3　突入　　　　4　介入

（3）同僚たちが休日出勤しているのに、私だけ家で休んでいるのは気が（　　　）。

    1　晴れる　　　2　利く　　　　3　引ける　　　4　ある

（4）冷や汗で背中が（　　）濡れているのがわかった。

    1　ざらざら　　　2　さらさら　　　3　じっとり　　　4　しっとり

（5）今日ご紹介するのは、自炊を始めたばかりの方におすすめの（　　　）料理です。

    1　手軽な　　　2　簡潔な　　　3　たやすい　　　4　くだらない

（6）子どもたちは、転校先の学校の友達ともすぐに打ち（　　　）様子で安心した。

    1　明けた　　　2　込んだ　　　3　切った　　　4　解けた

（7）この映画は、登場人物たちの人間（　　　）あふれるやりとりが最大の魅力だ。

    1　性　　　　2　感　　　　3　味　　　　4　観

問題 2 ▶ ＿＿＿＿＿の言葉に最も意味が近いものを、1・2・3・4から一つ選びなさい。

（1）事前に現地での仕事の手はずを決めておく。

    1　手続き　　　2　手順　　　　3　手配　　　　4　やり方

（2）学生時代は、勉強はろくにせず、もっぱら遊んでいました。

    1　ときどき　　　2　適当に　　　3　根気よく　　　4　ひたすら

（3）うちの2歳になる息子は、すばしこく走り回るので、追いかけるのが大変だ。

    1　ずっと　　　2　ゆっくり　　　3　素早く　　　4　元気に

（4）誰が犯人かだいたい見当はついている。

    1　決心　　　　2　予感　　　　3　予想　　　　4　見本

（5）親が子どもに何かを強いることがあってはいけない。

    1　強制する　　　2　統制する　　　3　強調する　　　4　支配する

（6）彼のお母さんは料理研究家で口が肥えているから、なかなか私の料理に満足しない。

    1　太っている　　　2　よく食べる　　　3　好き嫌いがある　　　4　味がわかる

次の言葉の使い方として最もよいものを、1・2・3・4から一つ選びなさい。

（1）根回し

1　新社長を選出する取締役会の前に、役員たちに<u>根回し</u>をしておいた。

2　嫌なことは<u>根回し</u>にせず、先に片付けておいたほうがいい。

3　取引先の社長が好きなワインを買っておくとは、<u>根回し</u>がいい。

4　このまま放っておいたら、<u>根回し</u>のつかないことになる。

（2）がっしり

1　すらりとした体型の弟に比べて、兄は柔道をやっていて<u>がっしり</u>している。

2　彼は何事にもこだわらない、<u>がっしり</u>した性格だ。

3　夫婦でしっかり向き合って、<u>がっしり</u>話し合ったが、結論は出なかった。

4　楽しみにしていたテレビドラマの録画に失敗して、<u>がっしり</u>した。

（3）画期的な

1　ここに並んでいる作品はすべて<u>画期的</u>で個性がない。

2　君の提出した企画案は<u>画期的</u>で面白みに欠ける。

3　これは昔からこの地域に受け継がれている<u>画期的な</u>やり方だ。

4　この新製品は他社にはない<u>画期的な</u>ものだ。

（4）突き止める

1　帰りたがっている人を<u>突き止める</u>のはよくない。

2　会社を出たところで、先輩に<u>突き止められた</u>。

3　事件の真相を<u>突き止める</u>まであきらめずに捜査を続けるつもりだ。

4　地面の下から<u>突き止める</u>ような振動が伝わってきた。

（5）まるっきり

1　この子はもらったりんごに<u>まるっきり</u>かぶりついた。

2　私は入院した母を<u>まるっきり</u>看病した。

3　姉は料理が得意だが、私は<u>まるっきり</u>だめだ。

4　今回のテストは<u>まるっきり</u>よくできた。

（6）おだてる

1　部下たちは課長を<u>おだてて</u>、食事をおごってもらうつもりだ。

2　悪いことをした近所の子どもたちを<u>おだてた</u>。

3　仲のいい二人を、周りの人たちが<u>おだてた</u>。

4　彼は細かいところまで<u>おだてる</u>性格だ。

STEP 1
確認問題 〈1〉
かくにんもんだい

（1）侵して　　（2）省みて　　（3）もてなす　（4）こじれた　（5）気にかけて
　　おか　　　　　　かえり　　　　　　　　　　　　　　　　　　　　　　　　き

（6）ほどけて　（7）ちぎれる　（8）ぼやけて　（9）なじんだ　（10）かさばる

確認問題 〈2〉
かくにんもんだい

（1）発散　（2）着工　（3）進入　（4）復帰　（5）設置
　　はっさん　　ちゃっこう　　しんにゅう　　ふっき　　せっち
（6）補給　（7）保持　（8）維持　（9）改装　（10）推測
　　ほきゅう　　ほじ　　いじ　　かいそう　　すいそく

STEP 2
確認問題 〈1〉
かくにんもんだい

（1）きしむ　（2）志し　（3）こだわる　（4）老いる、衰え　（5）帯び
　　　　　　　こころざ　　　　　　　　　　　おいる　　おとろ　　　　　お
（6）潤う　（7）活かし　（8）おだてられ　（9）営ん　　（10）強い
　　うるお　　い　　　　　　　　　　　　　いとな　　　　　　し
（11）制した　（12）添え　（13）損なっ／損ね　（14）背い
　　　せい　　　　　そ　　　　　そこ　　そこ　　　　　そむ

確認問題 〈2〉
かくにんもんだい

（1）杯を満たす　　（2）改革の必要性を説く　（3）三人の子どもを養う　（4）おこずかいをねだる
　　さかずき　み　　　　かいかく　ひつようせい　と　　　さんにん　こ　　　やしな
（5）異論を唱える　（6）親が子をしつける　（7）仕事に携わる　　　（8）作戦を練る
　　いろん　とな　　　おや　こ　　　　　　しごと　たずさ　　　　　　さくせん　ね
（9）猛暑が和らぐ　（10）長い時を経る　　　（11）他人の幸せを妬む　（12）新聞が報じる
　　もうしょ　やわ　　　　なが　とき　へ　　　　たにん　しあわ　ねた　　　しんぶん　ほう

STEP 3
確認問題 〈1〉
かくにんもんだい

（1）a 凝っ　b 凝っ　　　（2）a 遠ざかる　b 遠ざかっ　（3）a 掲げる　b 掲げ
　　　こ　　　こ　　　　　　　　とお　　　　とお　　　　　　　かか　　　かか
（4）a はじく　b はじかれ　（5）a しのい　b しのぐ　　　（6）a 粘る　b 粘る
　　　　　　　　　　　　　　　　　　　　　　　　　　　　　　　ねば　　ねば
（7）a 餓え　b 餓え　　　　（8）a 仰い　b 仰い　　　　　（9）a 募る　b 募っ
　　　う　　　う　　　　　　　　あお　　あお　　　　　　　つの　　つの

（10）a かすん　b かすん

確認問題 〈2〉
かくにんもんだい

（1）あの人は、悪い噂（が）絶えない　　（2）目の前に、締め切り（が）迫る
　　　ひと　わる　うわさ　た　　　　　　　　　め　まえ　し　き　　せま
（3）チームに勝利（を）もたらす　　　　（4）子どもとの約束（を）果たす
　　　　　　しょうり　　　　　　　　　　　　こ　　　やくそく　は
（5）医師は患者に対して、常に最善（を）尽くす
　　　いし　かんじゃ　たい　　つね　さいぜん　つ
（6）彼の取った行動は、常識（に）欠ける　（7）相手の立場や思い（を）察する
　　　かれ　と　　こうどう　じょうしき　か　　　あいて　たちば　おも　　さっ
（8）万全の体制で就任式（に）臨む　　　　（9）彼からの連絡（が）絶える
　　　ばんぜん　たいせい　しゅうにんしき　のぞ　　　かれ　れんらく　た
（10）現場を見て、事故の深刻さ（を）悟る
　　　げんば　み　　じこ　しんこく　さと
（11）眠い時にコーヒーを飲むと、目（が）冴える
　　　ねむ　とき　　　　　　　　の　　め　　さ
（12）親友である彼女とは、いくら話しても話（が）尽きない
　　　しんゆう　　かのじょ　　　　　　はな　　　　はなし　つ
（13）ここのところ成績（が）冴えない
　　　　　　　　せいせき　　　さ

STEP 4
確認問題〈1〉
（1）手回し　（2）おそろい　（3）あべこべ　（4）仕入れ／仕上げ
（5）終日　（6）告白　（7）手はず　（8）段取り　（9）本場　（10）合間
確認問題〈2〉
（1）自立　（2）脚本　（3）枠内　（4）規律　（5）身の上
（6）弁明　（7）節　（8）口論

STEP 5
確認問題〈1〉
（1）知性　　（2）前途　　（3）伝記　（4）うつ伏せ　（5）生計
（6）つじつま　（7）見当　　（8）根気　（9）説教　　　（10）説得
（11）人柄　　（12）見込み　（13）声明
確認問題〈2〉
（1）一筋　（2）めど　　（3）経緯　（4）こつ　（5）格差
（6）当選　（7）になって　（8）ずれ　（9）反響　（10）禁物

STEP 6
確認問題〈1〉
（1）波がある　（2）柄の悪い男　（3）筋がいい　（4）柄に合わない　（5）波に乗る
確認問題〈2〉
（1）漏れ　（2）絡ん　（3）受けない　（4）送る　（5）暮れる　（6）かなう
（7）控え　（8）かばっ　（9）のん　（10）はさま　（11）乗っ　（12）響い

◎擬音語・擬態語　その1
練習問題

（1）のこのこ　（2）だらだら　　　　（3）ぴったり　（4）まごまご

（5）すらり　　（6）そわそわ／ぶすっと　（7）けろり　（8）きょとんと

第2章

STEP 1
確認問題〈1〉
（1）華々しい／めざましい　（2）簡易　　　（3）明白　（4）巧み　　（5）健全
（6）ふさわしい　　　　　（7）無邪気　（8）潔さ　（9）密接　（10）好ましくない
（11）すこやか　（12）すがすがしい　（13）ぜいたく　（14）望ましい　（15）画期的

確認問題〈2〉

(1) 甚だしい　(2) 猛烈な　(3) まぎらわしい　(4) くだらない

(5) わずらわしくて　(6) 無茶　(7) 情けない　(8) あいまい

(9) 乏しい　(10) みすぼらしい　(11) だるい　(12) 孤独

(13) 切ない　(14) おろそか　(15) うっとうしい

STEP 2

確認問題〈1〉

(1) 勇ましい姿　(2) 簡潔なスピーチ

(3) 華奢な体つき　(4) 無難な受け答え

(5) 手軽な食事　(6) 和やかな雰囲気

(7) (将来) 有望な青年　(8) 円満な家庭

確認問題〈2〉

(1) 脆い友情　(2) 露骨な差別

(3) あっけない結末　(4) 見苦しい服装

(5) 冷静な判断　(6) よそよそしい態度

(7) 痛ましい事故　(8) ぞんざいな物言い

STEP 3

確認問題〈1〉

(1) 莫大な　(2) 久しく　(3) カット　(4) 著しくて

確認問題〈2〉

(1) 友達に悩みを打ち明ける　(2) サークルの仲間と打ち解ける

(3) 暇を持て余す　(4) 親の反対を押し切る

(5) 猛暑の夏を乗り切る　(6) 列に割り込む

(7) 被害を最小限に食い止める　(8) ウイルスの研究に打ち込む

(9) 途中で仕事を放り出す　(10) 本心を見抜く

(11) 弱みにつけ込む　(12) 収入に見合う

(13) (長年続いた) 支援を打ち切る　(14) 犯人の隠れ家を突き止める

(15) 授業の途中で抜け出す

◎擬音語・擬態語その2
れんしゅうもんだい
練習問題
（1）ぶうぶう（文句を）言う　（2）てくてく歩く　（3）ぱくぱく食べる　（4）ごしごし洗う

（5）すいすい泳ぐ　　　　　（6）じろじろ見る　（7）あくせく働く　（8）ごくごく飲む

（9）すごすご帰る　　　　　（10）ぞろぞろ移動する

第3章

STEP 1
かくにんもんだい
確認問題〈1〉

（1）きわめて　（2）とうてい　（3）ちょくちょく　（4）かねがね　（5）かねてから

（6）ごく　　　（7）いやに　　（8）うんと　　　（9）そくざに　（10）はなはだ

（11）むやみに　（12）いたって　（13）ろくに　　　（14）いっこうに
かくにんもんだい
確認問題〈2〉

（1）じっくり　（2）やんわり／きっぱり　（3）かろうじて　（4）あっさり　（5）まちまち

（6）がっしり　（7）それとなく　　　　　（8）きちっと

STEP 2
かくにんもんだい
確認問題〈1〉

（1）てっきり　（2）あらかじめ　（3）あえて　　（4）一挙に　（5）おおかた／もっぱら

（6）そもそも　（7）案の定　　　　（8）なにとぞ　（9）しいて
かくにんもんだい　**解答例**
確認問題〈2〉
（1）いざ本番となると、＿＿＿緊張して頭の中が真っ白になってしまう＿＿＿。
（2）どんなに難しい内容でも何度も読んでいると、おのずと＿＿＿わかってくるものだ＿＿＿。
（3）今回のテストでは、前回と比べていくぶん＿＿＿いい点が取れるはずだ＿＿＿。
（4）婚約指輪の入った小さな箱を開けると、彼女はさも＿＿＿うれしそうに微笑んだ＿＿＿。
（5）「もしもし、ご主人いらっしゃいますか？」
　　「あいにく主人は＿＿＿留守にしております＿＿＿。」
（6）彼がやったことがすべて間違っているとは一概に＿＿＿言えない＿＿＿。
（7）がんの手術をして5年になるが、体調はきわめて＿＿＿いい＿＿＿。
（8）目下＿＿＿調整中＿＿＿なので、今しばらくお待ちください。
（9）たかが＿＿＿2kg＿＿＿やせたくらいで、ダイエットに成功したとは言えない。
（10）最近めっきり＿＿＿白髪がふえた＿＿＿。
（11）ホームステイ先の家族に日本の浴衣をプレゼントしたら、ことのほか＿＿＿喜ばれた＿＿＿。
（12）小さな誤解の積み重ねが、ひいては＿＿＿破局を招く＿＿＿。

STEP 3
確認問題〈1〉

（1）持つ　　（2）かぶって　（3）詰まり　（4）晴れる　（5）障った

（6）つかみ　（7）抜いた　　（8）配る　　（9）引い　　（10）暖かい

確認問題〈2〉

（1）耳に　（2）鼻に　（3）目が　（4）頭を　（5）口が　（6）顔を　（7）鼻に　（8）目を

（9）頭を　（10）口を　（11）顔が　（12）口が　（13）耳に　（14）腹を　（15）腹を　（16）足を

（17）手を　（18）足が　（19）手を　（20）首を　（21）手を　（22）足が　（23）首を　（24）手を

◎擬音語・擬態語その3

練習問題

（1）はらはら　（2）もんもん／はればれ　（3）びくびく　（4）さめざめ

（5）むかむか　（6）やきもき／かんかん

第4章

STEP 1
確認問題〈1〉

（1）（実）感　　（2）（私）物　　（3）（純）愛　　（4）（猛）反対　（5）（素）手

（6）（丸）写し　（7）（過）大／小　（8）（誤）作動

確認問題〈2〉

（1）難　（2）性　（3）派　（4）味　（5）視　（6）がい　（7）柄　（8）ぐるみ　（9）並み　（10）月

STEP 2
確認問題〈1〉

（1）フォロー　（2）アピール　（3）リード　　　（4）デビュー　（5）ゴールイン

（6）キレる　　（7）アレンジ　（8）コントロール　（9）キープ　　（10）アクセス

確認問題〈2〉

（1）セクハラ　（2）タイト　　（3）グローバル　（4）フェア

（5）プレゼン　（6）シャープ　（7）ユニーク　　（8）デフレ

STEP 3
確認問題〈1〉

（1）ニート／エリート　（2）ポスト　　（3）プロジェクト　（4）ノルマ　（5）オファー

（6）ライバル　　　　　（7）ブランド　（8）ストーカー　　（9）エリート／フリーター

（10）キャリア　　　　　（11）サイドビジネス　　　　　　（12）コスト

（1）ブレーク　（2）テンポ　（3）ギャップ　（4）プレッシャー　（5）ダメージ

（6）ライブ　　（7）ケア

STEP 4

確認問題〈1〉

（1）朗報／悲報　（2）負債／資産　（3）任意／強制　（4）直接／間接　（5）日陰／日向

（6）中古／新品　（7）実践／理論　（8）不況／好況　（9）権利／義務　（10）本音／建前

確認問題〈2〉

（1）延長／短縮　（2）浪費／節約　　　　　（3）依存／自立　（4）就業／失業

（5）油断／警戒　（6）夜が明けた／日が暮れた　（7）一括／分割　（8）抑制／促進

（9）解雇／雇用　（10）近づく／遠ざかる

◎擬音語・擬態語その4

練習問題

どんな様子？

（1）がらん　　（2）からり／からっ　（3）じめじめ　（4）ぐにゃぐにゃ

（5）がらがら　（6）ぎっしり　　　　（7）こちこち

触るとどんな感じ？

（1）さらさら　（2）ぐっしょり　（3）しっとり　（4）ちくちく　（5）ざらざら

第5章

STEP 1
問題1　（1）4　（2）3　（3）4　（4）2　（5）3　（6）3　（7）4
問題2　（1）3　（2）1　（3）2　（4）4　（5）3　（6）2
問題3　（1）1　（2）4　（3）3　（4）2　（5）4　（6）3

STEP 2
問題1　（1）4　（2）4　（3）2　（4）1　（5）4　（6）2　（7）4
問題2　（1）2　（2）3　（3）1　（4）2　（5）4　（6）4
問題3　（1）1　（2）4　（3）3　（4）2　（5）2　（6）2

STEP 3
問題1　（1）3　（2）3　（3）3　（4）3　（5）1　（6）4　（7）3
問題2　（1）2　（2）4　（3）3　（4）3　（5）1　（6）4
問題3　（1）1　（2）1　（3）4　（4）3　（5）3　（6）1

【監修者・著者紹介】

◎留学生就職サポート協会：2019年、一般社団法人として設立。日本の企業で働くことを希望する留学生と企業とのマッチングを図るほか、留学生と企業に向けて就職にかかわる教育・啓発活動を行い、優秀な外国人留学生の日本企業への就職を実現している。

◎髙橋麻路：日本語学校講師

よくわかる！日本語能力試験　Ｎ１合格テキスト　語彙

2021年7月1日　初版第1刷発行
2024年3月1日　　　第2刷発行

監　修　一般社団法人　留学生就職サポート協会
著　者　髙橋麻路
発行者　森下紀夫
発行所　論 創 社

〒101-0051 東京都千代田区神田神保町 2-23　北井ビル
tel. 03(3264)5254　fax. 03(3264)5232　http://ronso.co.jp
振替口座　00160-1-155266

本文・カバーデザイン　岡本美智代（mos96）
印刷・製本　中央精版印刷　組版　フレックスアート
ISBN978-4-8460-2033-0
落丁・乱丁本はお取り替えいたします。

日本語能力試験 合格テキスト N1
あわせて覚える！

漢字　文法　読解　聴解

留学生就職サポート協会 監修

よくわかる！
合格テキスト 漢字

渡部聡子 著

よくわかる！
合格テキスト 文法

尹貞源 著

よくわかる！
合格テキスト 読解

TOSI 著

よくわかる！
合格テキスト 聴解

建石一郎 著

発行：一般社団法人 留学生就職サポート協会
発売：論創社
定価：本体1400円＋税

ISBN978-4-8460-2033-0
C0081 ¥1400E

日本語能力試験 N1
合格テキスト 語彙

合格

ココからはがしてください
51
ISBN：9784846020330
受注No：117287
受注日付：241212

コメント：81

書店CD：187280   18